AF878315

Verlag von VEIT & COMP. in Leipzig.

RÖMISCHE RECHTSGESCHICHTE

von

Dr. Otto Karlowa,

o. ö. Professor an der Universität Heidelberg.

Erster Band. Staatsrecht und Rechtsquellen.

Roy. 8. 1885. geh. 26 ℳ.

Zweiter Band. Privatrecht, Civilprozess, Strafrecht und Strafprozess.

Erste und zweite Abteilung.

Roy. 8. 1892 u. 1893. geh. 25 ℳ 50 ₰.

INSTITUTIONEN

DES RÖMISCHEN RECHTS.

Ein Lehrbuch

von

Dr. Rudolf Leonhard,

o. ö. Professor an der Universität Breslau.

gr. 8. 1894. geh. 11 ℳ, geb. 12 ℳ.

LEHRBUCH

DER

DEUTSCHEN RECHTSGESCHICHTE

von

Dr. Richard Schröder,

o. ö. Professor an der Universität Heidelberg.

Zweite, wesentlich umgearbeitete Auflage.

Mit einer Abbildung im Text und vier Karten.

Lex. 8. 1894. geh. 20 ℳ, geb. in Halbfranz 22 ℳ.

Verlag von VEIT & COMP. in Leipzig.

PRAKTISCHE

PANDEKTENÜBUNGEN

FÜR

ANFÄNGER

zum akademischen Gebrauch und zum Selbststudium.

Von

Dr. Rudolf Stammler,

Professor an der Universität Halle a. S.

8. 1893. geb. In Ganzleinen 8 ℳ 60 ₰.

Die

Gesetzgebung des Deutschen Reiches

auf dem Gebiete

des bürgerlichen und sozialen Rechtes

mit Ausschluß der handels-, wechsel- und seerechtlichen
sowie der in der Reichsstrafgesetzgebung und in den Reichsjustiz-
gesetzen enthaltenen Bestimmungen.

Für die Praxis und den akademischen Gebrauch

zusammengestellt von

Dr. jur. Emil Sehling,

ord. Professor der Rechte an der Universität Erlangen.

Zweite, umgearbeitete Auflage.

8. 1894. geb. in Ganzl. 5 ℳ.

Verlag von VEIT & COMP. in Leipzig.

WIRTSCHAFT UND RECHT

nach der

materialistischen Geschichtsauffassung.

Eine sozialphilosophische Untersuchung

von

Dr. Rudolf Stammler,

Professor an der Universität Halle a. S.

Vitam impendere vero.

gr. 8. 1896. geh. 14 *M*, geb. in Halbfranz 16 *M*.

Um in dem sozialen Kampf unserer Tage eine Grundlage zur Gewinnung einer eigenen Überzeugung zu erlangen, und sich ein Urteil darüber zu bilden, welche Bestrebungen als berechtigte anzuerkennen und welche als unberechtigte zurückzuweisen sind, ist es in erster Linie erforderlich, sich eine Einsicht in die allgemeine Gesetzmäßigkeit des gesellschaftlichen Daseins der Menschen zu verschaffen. Dazu bedarf es vor allen Dingen einer kritischen Analysierung der sozialen Grundbegriffe. Nur wenn man darüber im klaren ist, wie es sich mit der inneren Gesetzmäßigkeit des sozialen Lebens überhaupt verhält, läßt sich die Frage beantworten, ob eine einzelne soziale Bestrebung begründet und objektiv berechtigt sei oder nicht.

Die philosophische Grundlage des modernen Sozialismus ist die materialistische Geschichtsauffassung. Danach beruht die Gesetzmäßigkeit der menschlichen Gesellschaft in einem naturnotwendigen Gang der ökonomischen Phänomene, von welchem alle geistigen Strömungen, insbesondere die gesamte Rechtsordnung, unbedingt abhängig wären.

Der Verfasser untersucht, bis zu welchem Punkte der soziale Materialismus für die wissenschaftliche Betrachtung des menschlichen Gesellschaftslebens Berechtigung besitzt, führt aber gleichzeitig aus, daß derselbe eine unfertige und nicht ausgedachte Theorie darstellt. Die Frage nach der allgemein gültigen Gesetzmäßigkeit des in der Geschichte sich abrollenden sozialen Daseins des Menschen beantwortet er mit dem Grundgesetz des sozialen Idealismus; wodurch für die Behandlung der sozialen Frage eine wissenschaftliche Basis überhaupt erst gegeben wird.

PRAKTISCHE INSTITUTIONENÜBUNGEN FÜR ANFÄNGER

ZUM AKADEMISCHEN GEBRAUCH UND ZUM SELBSTSTUDIUM.

VON

DR. RUDOLF STAMMLER,
PROFESSOR AN DER UNIVERSITÄT HALLE A. S.

MIT ACHT FIGUREN IM TEXT UND ZWEI RECHTSKARTEN.

LEIPZIG,
VERLAG VON VEIT & COMP.
1896.

Druck von Metzger & Wittig in Leipzig.

MAX RÜMELIN

FREUNDSCHAFTLICH GEWIDMET

Vorrede.

„Der Hörer soll nicht Gedanken, sondern denken lernen; man soll ihn nicht tragen, sondern leiten, wenn man will, daß er in Zukunft von sich selbst zu gehen geschickt sein soll.“

Kant.

Der Grundgedanke, dem dieses Buch dienen will, geht dahin, daß es dringend veranlaßt sei, die ersten Stadien des akademischen Rechtsunterrichtes mit größerer Intensität aufzunehmen und dem Beginne des juristischen Studiums stärkere Anziehungskraft und ausgiebigeren Wert zu bereiten, als es bisher der Fall gewesen. Indem wir die juristische Pädagogik in ihrer Eigenart mit sicherem Wollen erfassen und aufnehmen, so muß sie, wenn sie auf wissenschaftlicher Grundlage gefestet sich erhebt, ihre zielbewußte Bethätigung und kunstvolle Ausführung vor allem dem Anfänger in der Jurisprudenz zuwenden.

Daß hier für eine Reformarbeit genügend Grund und Raum gegeben ist, mag nicht wohl bezweifelt werden. Es wird wenige, sehr wenige Juristen geben, die auf die ersten zwei Semester ihres Studiums vom Standpunkte ihrer juristischen Ausbildung aus, mit besonderer Genugthuung zurückblicken können. Die leidige Exklusivität, mit der zumeist historisches Recht und antiquierte soziale Zustände zur ausnahmslosen Unterlage der Betrachtung gewählt wurden, vor allem aber die Zumutung einer ausschließlich einseitigen Aufnahme des abstrakt schwierigen Lehrstoffes, ohne leichte Möglichkeit konkreter Erfassung des gebotenen Objektes und ohne eigene selbständige und produktive Mitarbeit haben, neben anderen mehr ergänzenden Gründen, das Ergebnis, das ich nannte, weithin hervorgerufen und zu einem fast überall heimischen pädagogischen Phänomen gemacht.

So ist nachgerade eine Art resignierter Stimmung den beiden ersten juristischen Studiensemestern gegenüber eingetreten. Die Studierenden belegen oder hören die ihnen angewiesenen Vorlesungen, weil sie nun doch einmal nicht zu umgehen sind: aber in der Rangordnung nach wissenschaftlicher Förderung uud geistiger Anziehungskraft steht dieses erste Studienjahr zufolge herrschender Meinung tief unten. Man verspürt wohl die unzweckmäßige Zeitvergeudung, die in dem dilatorischen Verhalten des überlieferten Rechtsunterrichtes gelegen ist, und überträgt dieses nun auf angeblich dem juristischen Studium inhärierende Qualitäten, — von dem Beginne dieses sagend, daß es darauf „nicht so sehr ankomme", daß man im Anfange des Rechtsstudiums „nicht so viel zu thun brauche."

Kann es ein schieferes Urteil geben? Sollte wirklich gerade an diesem einen Punkte die alte gute Regel von der Morgenstunde und ihrem goldenen Werte aussetzen? Lehrt nicht vielmehr die flüchtigste Erfahrung, wie eine sachlich versäumte Grundlegung in den Elementen der Jurisprudenz sich niemals wieder ganz gut machen läßt; begegnet man nicht auf Schritt und Tritt der Wahrnehmung, daß staatlich hochgestiegene und geistig bedeutsame Männer unseres Faches in dieser Richtung des Gedankens es überall offen bedauern, nicht eine bessere Einführung und damit eben eine stärkere wissenschaftliche Basis ihrer weiteren inneren Entwickelung erhalten zu haben?

Ich bemerke alsbald, daß die Erwähnung dieses Umstandes nicht geschieht, um die Hauptschuld daran nach mannigfach beliebter Weise dem mangelnden Fleiße der Zuhörer oder gar einer fehlenden Qualität der theoretischen Vorlesungen beizumessen: Ich schiebe jene vielmehr den nicht genügend fortschrittenen Einrichtungen des akademischen Rechtsunterrichtes zu.

Auch liegt mir gar nichts an einer Abänderung des

Verhaltens desjenigen Teiles unserer Kommilitonen, welche nach dem Bezuge der Universität zunächst einmal eine (gerade heute übel angebrachte) sogenannte „Poesie“ des Müßigganges pflegen und gewissen ritterlichen und sonstigen Sport für bestimmte Zeit in den Mittelpunkt ihres Daseins, Denkens und Thuns stellen. Nicht zu ihnen, noch von ihnen rede ich. Sie kommen für mich erst dann in Betracht, wenn ihnen der sportsmäßige Betrieb des Fechtens, Trinkens, Spielens wieder mehr zur Nebensache geworden ist: Denn alsdann sind sie „Anfänger“ im Studium.

Irgendwann einmal muß jeder an diesen letztgenannten Punkt herankommen, falls er überhaupt die Laufbahn des Juristen durchführen will; gleichviel, ob er zunächst der militärischen Dienstpflicht genügt oder in privater Freude „der Verbindung“ sich widmet, ob er um fremde Menschen, Sprachen und Sitten kennen zu lernen auf einige Zeit in das Ausland geht oder auch vielleicht nur innerhalb des Reiches eine „wissenschaftliche Sommerfrische“ nimmt. So spreche ich also nicht von dem ersten Teile der Universitätszeit, — womit es jeder halten mag, wie er will, — sondern von dem Beginne des Rechtsstudiums.

Aber die übergroße Mehrzahl derer, welche dem juristischen Berufe sich widmen wollen, ist ja glücklicherweise gar nicht in der Lage, ein solches eigentümliches Zwischenstadium zwischen Schule und Studium zu legen; sie können höchstens den Versuch machen, derartige Freuden mit studierender Thätigkeit „zu vereinigen“. Aber wie immer sich derartiges subjektiv differenziere, so gilt von den Anfängern im Rechtsstudium der allgemeine Satz: daß sie zum weit überwiegenden Teile der Jurisprudenz schnell und zuverlässig gewonnen werden können, sofern man sich nur entschließt, einige Ergänzung im Studienplane einzurichten und zu vollführen.

Ich meine damit nicht den neuerlich wiederholten Vorschlag der Einsetzung neuer Vorlesungen, besonders propädeutischer Einleitungskollegien oder eine Vermehrung der Vorträge über Geschichte des deutschen Rechtes oder eine zeitlich frühere Heranziehung des staatsrechtlichen Faches. Alles dieses könnte dem genannten, immer stärker auftretenden Mangel in gründlicher Weise nicht abhelfen.

Ich postuliere vielmehr derartige Einrichtungen, daß es dem Studierenden ermöglicht wird, alsbald bei dem Eintritte in das Rechtsstudium neben den abstrakten Rechtsformen unseres sozialen Lebens die konkrete Anschaulichkeit ihrer Übersetzung in die praktische Bethätigung zu gewinnen; was nun in durchschlagender Art nur geschehen kann, wenn man ihm geeignetes Material zu selbstthätiger Mitarbeit und wohlberechnete Aufgaben zu einer sich allgemach steigernden eigenen Produktion zur Verfügung stellt.

Man sagt mit Recht, daß die eigentümliche Aufgabe unserer Hochschulen als oberster Lehranstalten darin bestehe, den Studierenden zu selbständigem Denken anzuleiten; und ich hege die Überzeugung, daß kein Berufener dem als Motto diesen Erörterungen vorgesetzten Ausspruche Widerrede entgegenbringen werde. Aber man hat dazu für den Beginn des Rechtsstudiums seither ganz unzureichende Mittel gewählt. Der theoretische Vortrag allein, verbunden mit dem Citieren schwieriger, ohne Beihülfe kaum verständlicher Quellenstellen genügt durchaus nicht.

Hiernach befürworte ich die allgemeine Annahme der Einrichtung, welche an der juristischen Fakultät zu Halle seit nahezu zehn Jahren eingesetzt und durchgeführt worden ist; eine Nachfolge in ihrer Eigenart bis jetzt aber nur vereinzelt gefunden hat. Sie geht dahin: daß in dem akademischen Rechtsunterricht *zwei* Kurse zu vollführen sind; — parallel neben den theoretischen Vorlesungen, doch für sich selbständig, ein praktischer Übungskursus, derartig organisiert, daß diese Übungen von dem ersten Beginne des juristischen Studiums an bis zu dessen Abschlusse in sicherem pädagogischen Plane sich erstrecken.

Daß überhaupt Übungen in den ordnungsgemäßen Plan des akademischen Rechtsunterrichtes aufzunehmen sind, bezweifelt heute kein Rechtslehrer. Man braucht sie ganz wesentlich, um die Schwierigkeit in der Erfassung der abstrakt geordneten Rechtsverhältnisse zu überwinden und um das juristische Können, die Urteilskraft und Subsumtionsfähigkeit zu fördern;[1] — man bedarf ihrer, um der Aufgabe der juristischen Pädagogik zu genügen: gute Juristen zu bilden, das heißt Männer, die in Dingen des Rechtes und des sozialen Lebens überhaupt gegenständlich richtig zu denken und zu urteilen vermögen.

Wenn aber dieses feststeht, so darf man auch dem Anfänger im Rechtsstudium die Übungen nicht vorenthalten. Gerade er benötigt ganz besonders der Anleitung im einzelnen zum rechten Arbeiten; gerade bei ihm ist es dringend am Platze, ihn noch von einer *zweiten* Seite her, in methodisch unternommenen praktischen Übungen, in die Jurisprudenz *einzuführen* und mit dem Vortrage des ihm notwendig fremdartigen Stoffes eine eigene interessierende Selbstthätigkeit des Studierenden zu verbinden. Es wäre kein guter Sprachunterricht, wenn der Lehrer jahrelang die Grammatik der fremden Sprache, in ihrer weiten historischen Entwickelung, mit allen Regeln und Ausnahmen, und etwa auch mit vielen Beispielen durchsetzt, vortragen wollte, um dann plötzlich schwere Übungsstücke, — die ihm vielleicht sehr interessant sein mögen — dem solcher Aufgaben ganz ungewohnten Schüler zur Bearbeitung vorzulegen; — und doch ist unser Rechtsunterricht jetzt regelmäßig im Sinne dieser mangelhaften Methode unternommen.

Darum ist es auch ein ganz unglücklicher Gedanke, die Anfänger im Rechtsstudium einfach in die Übungen für Vorgeschrittene gleichmäßig aufzunehmen. Dieses widerspricht dem elementaren pädagogischen Grundprinzip der notwendigen Individualisierung des zu Unterrichtenden, wenn nicht nach einzelnen Persönlichkeiten (was sich auf der Universität leider nicht allgemein durchführen läßt), so doch nach sicher abzugrenzenden Gruppen.

Statt eines einzigen Monstrekollegs, in welchem erste wie mittlere Semester, Rechtskandidaten und Referendare in gleichmäßiger Weise Schulung erhielten, sind vielmehr für

[1] Vgl. hierüber die ausführliche Darlegung bei STAMMLER, Praktische Pandektenübungen für Anfänger (1893), S. 1 ff.: Plan der Übungen.

jede Gruppe gesonderte Übungen, die sich den Vorkenntnissen und dem Grade der Ausbildung des zu Unterweisenden thunlichst eng anschließen, in jeweilig bedingter Eigenart vorzunehmen. Es ist im besonderen für den civilrechtlichen Unterricht eine dreifache Stufenleiter einzurichten: 1. Anfängerübungen in den ersten Studienhalbjahren; 2. Praktika für die Vorgeschrittenen, aber als ordnungsgemäße durchgängige Einrichtung für jeden Angehörigen der *legum cupida iuventus* angenommen; 3. Seminare (Sozietäten) für die Elite der akademischen Hörer. Jene ersten, von denen hier allein jetzt noch zu reden ist, haben neben die theoretischen Vorlesungen zu treten. Sie wollen an diesen nichts reformieren, und kein Dozent braucht rücksichtlich ihrer an seinem gewohnten Vortrage auch nur das Geringste zu ändern. Und sie beabsichtigen, sich als eine sachliche Ergänzung durchaus zwanglos in unsere akademischen Gesamteinrichtungen einzugliedern und von der Studienfreiheit, wie sie besteht, nichts zu streichen.

Aber es haben allerdings die praktischen Anfängerübungen als eine zweite Art des akademischen Rechtsunterrichtes gleich am ersten Tage des juristischen Studiums einzusetzen. Sie sollen eine eigene pädagogische Aufgabe bei der Ausbildung des jungen Juristen übernehmen und nicht bloß eine Wiederholung des theoretisch vorgetragenen Lehrstoffes geben.

Man hat unserer hiesigen Einrichtung der Anfängerübungen einmal flüchtig den Einwand gegenübergestellt, daß man solche nicht in geeigneter Weise vorzunehmen im stande sei, bevor nicht der Studierende wenigstens ein Jahr lang in bloß rezeptiver Thätigkeit genügend Lehrstoff in sich aufgenommen habe.

Solch eine Behauptung von pädagogischer Unmöglichkeit vor aller Erfahrung ist unnütz. Sie kann keinen Erfolg haben, da sie durch die That hierselbst längst widerlegt ist. Und sie wird überall da sofort hinfällig werden, wo man sich entschließt, unsere vorhin erwähnte Organisation entsprechend zu übernehmen; wie ich gleichfalls jetzt schon durch eine genügende Reihe von Beispielen zu erhärten in der Lage wäre.

In der That wird jeder juristische Dozent, der überhaupt in zielbewußter Pädagogik vorgeht, baldigst die Erfahrung machen, daß in dem konversatorischen Rechtsunterricht mit praktischen und exegetischen Aufgaben nichts einfacher, nichts leichter und lohnender ist, als die mit Anfängern im Rechtsstudium angestellten Übungen. Hier hat der Lehrer ein sicher zu überschauendes Erziehungsmaterial, frei und willig und bei geeignetem Vorgehen gewißlich zu interessieren und zu gewinnen. Niemals wieder, denn nur bei den ersten Anfängern, kann dem juristischen Dozenten die wahre Freude des Lehrenden zu teil werden, daß er Erkenntnis und Eifer und Fähigkeit des Studierenden von Stunde zu Stunde greifbar wachsen sieht, — sich sagend: Das ist dein, des Bildners, Werk! Dieser Genugthuung muß jedoch derjenige Rechtslehrer ganz bar sein, der sich auf lediglichen einseitigen Vortrag seiner Ansichten vor dem im Beginne des Studiums stehenden Hörer beschränkt und auf den zweiten, daneben zu instituierenden Kursus, wie ich ihn oben nannte, freiwillig verzichtet. Die Möglichkeit des geschilderten Erfolges aber ist da; sie ist erprobt und kann an sich durch entschlossene Übernahme der hier empfohlenen Unterrichtsmethode überall in Wirklichkeit umgesetzt werden. — Ob „man“ das zu bieten und durchzuführen in der Lage ist (wie der obige Einwurf lautete), darüber enthalte ich mich jedes allgemeingültigen Urteiles.

Es liegt die Frage nahe: ob Anfängerübungen in dem hier vertretenen Sinne und Geiste nicht schon früherhin vorgenommen worden sind? — Ich kann es nicht sagen. Zwar bezweifle ich nicht, daß es zu allen Zeiten Rechtslehrer gegeben hat, welche das Bedürfnis gefühlt haben, auch den jüngeren Zuhörern und ersten Anfängern gegenüber den akademischen Vortrag durch Besprechungen und Anleitungen zu ergänzen, und die namentlich auch vom Katheder Exegese der römischen Rechtsquellen für das erste Semester, wenn auch keine praktischen Institutionenübungen für Anfänger vorgenommen. Aber diese (vereinzelt mir privatim bestätigte) Annahme gewährt keinen Schluß auf den pädagogischen Grundgedanken oder auf die Lehrmethode, in der diese etwaigen Versuche sich durchgesetzt haben mögen. Es ist insbesondere gar nichts darüber bekannt geworden, daß man es jemals unternommen hätte, alsbald am ersten Tage des Studiums den Anfänger in zweifach verschiedener Art zu unterweisen und ihn durch praktische Übungen selbständig neben den hergebrachten theoretischen Vorlesungen in pädagogisch eigenartiger Weise in das juristische Denken und Urteilen energisch hineinzubringen. Und es ist in der gesamten juristischen Litteratur bis jetzt hierüber nicht das geringste zu Tage getreten. So habe ich die thätige Durchführung meiner prinzipiellen Auffassung von dem Berufe des Rechtslehrers, die ich oben nannte, im Laufe der Jahre meiner Unterrichtspraxis ganz aus Eigenem herausbilden und vollenden müssen.

Bei dieser Sachlage wird es nicht unangebracht sein, die Gesamteinrichtung dieses zweiten Lehrkursus, der zur Seite der seitherigen Vorlesungen einzuschalten ist, einmal in Kürze zu beschreiben; so zu sagen: die Methode meiner Anfängerübungen zu zeigen.

Indem ich mich hierzu anschicke, bemerke ich noch, daß es mir natürlich nicht um die äußerliche Einrichtung zu thun ist, sondern um das Problem einer methodischen Schulung und systematischen Ausbildung des Anfängers auf dem Wege zu einem guten Juristen. Darum bleiben alle Erörterungen über Zahl der Teilnehmer, über die äußere Form des praktischen Kursus, über das selbstverständliche Einfügen schriftlicher Arbeiten, deren Ausführung den Teilnehmern zur freien Disposition gestellt werden kann, über das sehr einfache Eingreifen der exegetischen Anfängerübungen u. a. m. hier weg.

Als rechte Basis für den Beginn des notwendig grundlegenden civilrechtlichen Unterrichtes, zugleich als eigentlich unentbehrliche Stütze für das gute Verständnis unserer hergebrachten theoretischen Vorträge, nenne ich zweierlei: Begriffliche Klarheit und Festigkeit über die wichtigsten Privatrechtsverhältnisse, sodann im gleichen über die *actiones*.

1. In der ersten Stunde des praktischen Kursus, — der, wie erwähnt (cf. p. X, XI) an demselben Tage mit dem ersten Vortrage der Institutionen beginnen mag — ist dem Zuhörer eine Übersicht der wichtigsten Schuldverhältnisse nach feststehenden begrifflichen Merkmalen zu geben; und solches an geeignetem Material (in diesem Buche: § 5, 1—4) einzuüben. Es ist nach dem Gesagten selbstverständlich, daß

die einführenden Vorbemerkungen des Dozenten dabei die nebensächliche Rolle zu übernehmen haben und das Hauptgewicht auf die selbstthätige Lösung und (mündliche und schriftliche) Durcharbeitung der aufgeworfenen praktischen Fragen durch den Studierenden selbst gelegt werden soll. — Damit kann eine Übersicht über die juristischen Thatsachen und deren Einteilung in der heutigen Rechtswissenschaft wiederum in der hier gemeinten praktischen Einübung verbunden werden (§ 5, 5).

2. Ich teile die Ansicht Savignys, daß die Gewöhnung unserer Juristen an den Sprachgebrauch der Römer hinsichtlich der *actiones* von wohlthätigem Einflusse auf Schärfe und Sicherheit des juristischen Denkens gewesen ist. Fast unentbehrlich halte ich jenes für den Rechtsunterricht, besonders im Beginne desselben. Es macht auch hier keine Schwierigkeit, die wichtigsten *termini technici* aus der Aktionenlehre (etwa klassifiziert nach den geschichtlichen Gründen der Benennung) dem Anfänger in einer der nächsten Übungsstunden vorzuführen und nach § 6, 1—5 einzuüben. — Woran sich die Lehre von der *exceptio* anreiht (§ 6, 6—10). — (Auch ist hier eine alsbaldige Schilderung unserer Gerichtsorganisation und des ordentlichen Prozeßganges nach der R.C.P.O. von bewährtem Nutzen [s. die Karte II].)

Hat der Anfänger in diesen beiden Punkten Festigkeit und Sicherheit erlangt, so ist pädagogisch viel gewonnen. Ja, ich darf auf Grund umfänglicher Erfahrung versichern, daß die Eindrücke und die Interessen, die der Studierende hierdurch in diesen zwei bis drei Anfangswochen seines ersten Studiensemesters bekommt, ihre heilsame Wirkung niemals bei ihm wieder einbüßen. So wird es sich für jeden hier eingreifenden Rechtslehrer empfehlen, gerade hierauf in besonderer Gründlichkeit einzugehen, bis bei dem Studierenden durch die Beschäftigung mit diesen beiden Themen alle Fremdartigkeit getilgt ist, die ihm in dem Zwiespalte zwischen konkreter Erfassung der einzelnen Vorgänge unseres sozialen Lebens und zwischen deren begrifflicher Bestimmung und einheitlicher Zusammenschließung unvermeidlich zuerst in unbehaglicher Weise entgegentritt.

Inzwischen mag die Institutionenvorlesung weit genug vorgeschritten sein, um mit der praktischen Einübung der dort vorgetragenen Lehren jeweils entsprechend beginnen zu können.

Je weiter man nun gelangt, um so einfacher stellt sich die Aufgabe des Dozenten, und um so leichter und gewisser wird sich der Grundgedanke und das oberste Ziel des akademischen Rechtsunterrichtes, wie solches sich oben uns ergab, gerade unter diesen besonderen Bedingungen festhalten und verwirklichen lassen. Ich bemerke nur noch, daß ich in besonderer Absicht bei der Entwerfung der Aufgaben ein stärkeres Gewicht namentlich auf die Lehre von den juristischen Personen (§ 8) gelegt habe, um den Anfänger exakt an die ihm fremde Erwägung nach den civilrechtlich jeweils streitenden Rechtssubjekten zu gewöhnen.

Durchgängig ist bei der folgenden Materialsammlung, die für jedes System der Institutionenlehre beliebig benutzbar ist, darauf gehalten worden, daß mit einfachen einführenden Fragen im Sinne unseres Lehrprinzips begonnen wird, um sie alsdann, in einigem vertiefend, in der Schwierigkeit zu steigern; immer jedoch so, daß die Entscheidung in sich nicht wohl zweifelhaft ist. Die Auswahl solcher juristischer Probleme ist nicht ohne Schwierigkeit. Es sollen nicht bloß verkleidete Schulfragen sein, die nach Art repetitorischer Konversatorien einen positiven Lehrstoff einfach abfragen; sondern sie dienen, indem sie die Erfüllung der letztgenannten Aufgabe ganz von selbst in sich aufnehmen der planmäßigen Steigerung des juristischen Könnens in wissenschaftlich geschulter Urteilskraft.[1] Es ist das zu solchem Ziele für den Anfänger bestimmte Material, von dem ich allerdings glaube, daß sein Aussuchen und pädagogisches

[1] Es war eine starke Verfehlung des Grundgedankens und Planes unserer Reform des Rechtsunterrichtes, wenn man meine, in gleicher Absicht entworfenen Pandektenübungen auf verschiedenen Seiten als eine Sammlung von Musterbeispielen für die theoretische Vorlesung hat auffassen wollen; während gerade umgekehrt dem Anfänger im Rechtsstudium dadurch die Wege und Ziele zu selbstthätiger Arbeit gewiesen und geeignete Aufgaben zu systematisch geleitetem, produktivem Thun seiner selbst geboten werden sollen. Es soll jeder Anfänger im Rechtsstudium durch jene Übungen in eigener Überlegung sich gewöhnen, einfache Thatbestände des gesellschaftlichen Lebens der Menschen in juristisch korrekter Weise aufzufassen und zu bestimmen; und indem er das thut, alsbald in Selbständigkeit *auf besonderen Pfaden* in die Jurisprudenz eingeführt werden und in ihrer Verfolgung vor allem auch eine genügende Grundstimmung für das Ganze seines juristischen Lebensberufes erwerben.

Bearbeiten größere Schwierigkeiten bereitet, als intrikate Rechtsfälle aus Akten oder publizierten Entscheidungen zu exzerpieren, in denen bekannte, in der Litteratur behandelte oder auch wissenschaftlich aufzuwerfende Probleme hervortreten.

Umgekehrt müssen die Rechtsfälle der Institutionenübungen für Anfänger immer solche sein, die auf Grund sicherer Rechtseinrichtungen und juristischer Lehre in Gewißheit ihre Auflösung finden können. Ob man dann auf Rechtsbegriffe und Institute verweist, die in der systematischen Vorlesung schon vorgetragen waren, oder ob vor der Einübung selbst erst eine rechtliche Lehre als einzelne dem Studierenden bekannt gegeben wird (z. B. das justinianische Intestaterbrecht, die allgemeine Rechtsstellung des Nießbrauchers, der Begriff der Cession etc.), — darauf kommt gar nichts an. Es mag gerade das Übersehen dieser zuletzt genannten Möglichkeit des Lehrens sein, welches von praktischen Institutionenübungen — wie man sieht: in ganz unbegründeter Weise — seither durchgängig abgehalten hat. Niemals soll man freilich den Anfänger im Rechtsstudium an solche Fälle fragend heranbringen, denen er nach dem Grade seiner Ausbildung wissenschaftlich noch nicht gewachsen sein kann; und am wenigsten hat es Sinn, sich alsdann persönlich vielleicht darüber zu freuen, daß jener die Entscheidung „nach Rechtsgefühl" beinahe richtig getroffen habe. „Rechtsgefühl" als eine dunkle Naturkraft ist mystisch. Jener Ausdruck kann verständigerweise nur heißen: Wissen vom Rechte aus zufällig zusammengeraffter Erfahrung; seine Bethätigung aber führt regelmäßig auf eine Ersetzung des juristischen durch ein ethisch richtendes Urteil. So giebt es kaum eine schärfere Aufgabe einer wissenschaftlich begründeten juristischen Erziehung, als in der Schulung des Anfängers im Rechtsstudium alles aufzubieten, ihn von diesem rechtlichen Zufallstasten abzubringen. Was nun durch unsere Methode genügend vermieden wird: da nach ihr der junge Jurist gerade vom ersten Anfange des Studiums an in berechneter Methode unausweichlich daran gewöhnt wird, in Selbstüberlegung sich allemal die Fragen vorzulegen: Rechtsverhältnis? *Actio?* Rechtssubjekte? Juristische Thatsache? Wer so zu überlegen sich gewöhnt, der hat einen mächtigen Schutz gegen vage und subjektive Gefühlsjustiz. Um das zu erreichen, ist freilich eine planmäßige Hartnäckigkeit des Dozenten von nöten; aber wie will er solche überhaupt anders einsetzen und richtig wirken lassen, denn in praktischen Übungen für Anfänger?

Es ist endlich eine grundsätzlich belanglose Erwägung, ob man die Problemstellung der auszuwählenden Fälle dahin vollführen soll, daß bei ihnen von juristischer Seite eine fehlerhafte Behandlung schon stattgefunden habe, die nun von dem Schüler zu verbessern sei. Kein verständiger Lehrer wird ganz darauf verzichten, dem Studierenden auch solche Fälle als Aufgaben mitzuteilen, in denen das Gericht in der unteren Instanz irrig entschieden oder ein Rechtsberater sich juristisch getäuscht hat; und es ist in unseren, seit Jahrzehnten überall eingeführten Pandekten-Praktika sicherlich genugsam davon Gebrauch gemacht worden. Die Hauptbedeutung haben solche Erörterungen allerdings für die Fragen des prozessualischen Vorgehens des Richters. Daß man jene Methode aber unbedingt und ausnahmslos durchführen sollte, würde eine gewiß ganz unpassende Meinung sein: Es müßte das in dem Anfänger ja geradezu den Eindruck erwecken, als ob es in der juristischen Praxis nichts als Fehler und Unrichtigkeiten, als Unkenntnis und Unfähigkeit gebe. Auf das Lehrverfahren der medizinischen Fakultät kann sich diese neuerdings mit Eifer empfohlene ausnahmslose Bezugnahme auf fehlerhaft behandelte Fälle mit Fug nicht beziehen: Sie führt in der That den Studierenden gar nicht an das Krankenbett des Patienten, als welcher doch nur ein in seinem Rechte von dritten Personen gekränkter Privatmann erachtet werden könnte; und es würde also die fragliche Einrichtung ihrem eigenen Sinne nach nicht, wie sie sagt, eine „juristische Klinik" sein, sondern eine Heilanstalt für irrende Juristen. Nicht der Patient, sondern der behandelnde Arzt soll ja hier Heilung finden. — Wozu aber überhaupt auf eine trügerische Analogie aus angewandter Naturwissenschaft her sich einlassen,[1] da wir doch in der Lage sind, das eigene

[1] In einer ähnlichen Weise ist gelegentlich der Vorschlag laut geworden, den angehenden Juristen nach dem Abiturientenexamen zuerst einige Zeit auf dem Amtsgerichte zu beschäftigen und dann erst

Ziel uns zu setzen und die rechte juristische Lehrmethode selbständig herauszuarbeiten: sobald man auf das Ganze des sozialen Lebens und danach auf den Beruf des Juristen den sichern Blick gerichtet hält, und sobald es nur beliebt, für den akademischen Rechtsunterricht die zwei Kurse der theoretischen und der praktischen Unterweisung nebeneinander einzusetzen und in ihnen freilich das einfache pädagogische Prinzip der Individualisierung der einzelnen Hörergruppen je nach dem gegebenen Stande ihrer Kenntnisse und seitherigen Ausbildung durchzuführen!

So ist von Stufe zu Stufe vorschreitend den einzelnen Studiensemestern ihr besonderes Ziel zu setzen, dessen greifbare Gestalt den Hörern, wie dem Lehrenden ihre Aufgabe nicht sowohl erleichtern, als eigentlich erst richtig begründen kann. Hier ist nun die wesentliche Aufgabe des ersten Studiensemesters gegeben: Der Studierende muß in diesem so weit gebracht werden, daß er die sämtlichen Fragen und Fälle dieses kleinen Buches wissenschaftlich korrekt zu erfassen und methodisch sicher zu behandeln die volle Fähigkeit besitzt. Gelingt es *in concreto* nicht, diesen ersten Markstein für die qualitative Steigerung des juristischen Könnens jetzt zu erreichen, so war das betreffende Studienhalbjahr von geringem Werte. Dann muß entweder der unser Ziel verfehlende Student, der willig und fleißig gewesen ist, an seiner Befähigung zur Jurisprudenz ganz und gar irre werden (was unter gegebenen Verhältnissen so leicht nicht anzunehmen sein wird), oder aber es war doch vielleicht die Thätigkeit des Lehrenden nicht in voller Schärfe auf den idealen Begriff des methodisch zu bildenden *guten Juristen* gerichtet gewesen: Er hat sich nicht

auf die Universität zu senden, — da ja doch auch der junge Mediziner auf der Anatomie gleich in praktische Übung eingeführt werde. Der Vergleich ist ganz schlecht. Niemand wird daran denken, die wissenschaftlich auszubildenden Studenten der Heilkunst zuerst auf ein Jahr zu dem — Landarzte zu schicken. Und doch entspricht dessen Stellung hier derjenigen des Amtsgerichtes. Jene praktische Anschauung aber, welche die Schwesterfakultät dem Anfänger allerdings darbietet, sie soll und kann gerade bei uns durch die praktischen Anfängerübungen für Institutionisten alsbald bewirkt werden.

immer die notwendige Frage vorgelegt, wie der Studierende, wenn es mit rechten Dingen zugehe, am Ende des ersten Studiensemesters eigentlich aussehen soll, — es winken ihm in der Kunst der juristischen Pädagogik noch höhere Grade. —

Ich schreibe dieses am Vorabend einer erhofften Umgestaltung des deutschen Civilrechtes. Ihr wird eine entsprechende Änderung des akademischen Rechtsunterrichtes folgen. Aber der Gedanke, der hier vertreten ist, wird dann nicht erledigt sein, sondern im Gegenteil in besonderer Sicherheit und Stärke sich geltend machen. Ohne heute in eine Erörterung der Einzelheiten dieser künftigen Einrichtungen eintreten zu wollen, so werden sich doch die Grundzüge des zweckmäßig Kommenden bereits jetzt feststellen lassen. Denn es ist davon sicherlich auszugehen, daß Pandekten und deutsches Privatrecht in ihrer seitherigen Gestalt unmöglich weiter bestehen können; dagegen andererseits dieses anzunehmen, daß ein Bruch mit der Vergangenheit unseres Rechtes im Sinne ihrer vollen Ignorierung im Universitätsunterricht unzulässig ist.

Steht das richtig, so ist der Organisation des civilrechtlichen Unterrichtes der Weg dahin gewiesen: Im ersten Semester — 1. Rechtsencyclopädie, verbunden mit summarischer Übersicht über das bürgerliche Recht des Deutschen Reiches. 2. Institutionen des römischen Privatrechtes. 3. Praktische und exegetische Institutionenübungen für Anfänger. 4. Deutsche Rechtsgeschichte. — Im zweiten bis vierten Semester — 1. Bürgerliches Recht des Deutschen Reiches, etwa zerteilt in a) Allgemeiner Teil uud Schuldverhältnisse, b) Sachenrecht, c) Familien- nnd Erbrecht, d) Handels-, Wechsel-, Seerecht. 2. Civilrechtliche Übungen für Anfänger, jeweils neben jenen Vorträgen. 3. Kursus des reinen römischen Rechtes, verbunden mit Exegetikum. 4. Studium deutschrechtlicher Quellen. — In späteren Semestern — 1. Konkursrecht. 2. Partikularrecht. 3. Civilrechts-Praktikum. 4. Seminare und Sozietäten.

Man sieht, daß den Institutionen und den sie begleitenden Anfängerübungen ihr wichtiger Anteil am juristischen Studium, die Aufgabe einer förderlichen und interessierenden Einführung mit Fug nicht verkürzt werden wird. Es ist jetzt schon übel gethan, wenn jemand sie den Pandekten und deren Übungen gegenüber nur als eine Art von Tresterwein behandelt; in Zukunft wird nach dem obigen Studienplane ihre eigene und selbständige pädagogische Aufgabe „des Instituierens“ innerhalb des Rechtsunterrichtes sich noch zweifelloser durchringen.

Aber auch wenn einer dem nicht zustimmen sollte, so wird es doch geradezu unmöglich sein, den sehr schwierigen Stoff des neuen Reichs-Civilrechtes ausschließlich in weiten und mühsamen einseitigen Vorlesungen dem Studierenden zugänglich zu machen; man wird sich notgedrungen entschließen müssen, gerade auch für diese große Disziplin des dann geltenden bürgerlichen Rechtes die Methode zu wählen: daß der Vortrag vom Beginne an von geeigneten praktischen Übungen begleitet wird.

In dieser sicheren Überzeugung, daß der Einrichtung unserer Hallischen Anfängerübungen im akademischen Rechtsunterrichte die Zukunft gehört, übergebe ich mein Büchlein der Öffentlichkeit.

„Mihi sic usus est: Tibi quod opus est facto face.“

Halle a. S., am 18. Januar 1896.

Rudolf Stammler.

Inhalt.

Einführende Rechtskarten.

1. Buch.

Allgemeiner Teil.

2. Buch.

Sachenrecht.

3. Buch.

Obligationenrecht.

4. Buch.

Familienrecht.

5. Buch.

Erbrecht.

I

Übersichtskarte des im Deutschen Reiche geltenden Privatrechts (Karte I).

II

Erläuterungen zu der Übersichtskarte des im Deutschen Reiche geltenden Privatrechts (s. S. 143).

III

Übersichtskarte der Gerichtsorganisation im Deutschen Reiche (Karte II).

IV

Erläuterungen zu der Übersichtskarte der Gerichtsorganisation im Deutschen Reiche (s. S. 147).

V

1. Welche Privatrechtsverhältnisse liegen in folgenden Fällen vor?

a) Man verlangt in einem offenen Laden Cigarren, Papier, Handschuhe etc.

b) Jemand läßt sich in einem Barbiergeschäft rasieren und frisieren.

c) Ein Arbeiter macht bei der städtischen Sparkasse eine Einlage von 30 *M*. Für das dafür auf seinen Namen ausgestellte Sparkassenbuch werden ihm 25 *Pf* berechnet.

d) Man läßt sich beim Schuhmacher ein Paar neue Schuhe anmessen; — oder giebt demselben ein Paar getragene Stiefel, um sie frisch zu besohlen.

e) Eine Korporation engagiert einen Diener.

f) Ein Landwirt pachtet eine fiskalische Domäne auf 18 Jahre.

g) Mehrere Studenten nehmen Fechtunterricht. Sie lassen ihnen gehöriges Fechtzeug in der Behausung des Fechtmeisters mit dessen Bewilligung, oder in dem der Universität gehörigen Gebäude, in welchem geschlagen wird.

h) Zwei Mitglieder eines Rauchklubs geben einer Porzellanhandlung Auftrag, zwei nach näherer Angabe zu bemalende Pfeifenköpfe herzustellen, welche sie sich gegenseitig zur freundlichen Erinnerung zueignen wollen. Der Gastwirt, bei dem die betreffende Gesellschaft regelmäßig verkehrt, übernimmt es, die Pfeifen aufzubewahren und für ihre Instandhaltung zu sorgen.

i) Es frühstückt jemand in einer Bodega, in welcher glasweise portugiesischer und spanischer Wein verschenkt wird.

k) Ein Pianist leiht aus einer Musikalienhandlung Noten gegen wöchentliche Gebühr von 10 ₰ für das Heft.

l) Ein Gutsbesitzer leiht von der Landschaft 50 000 ℳ und stellt diese Schuld durch Hypothek auf seinem Gute sicher.

m) In einer Leinenhandlung bestellt ein Herr ein Dutzend Hemden nach Maß.

n) Eine Dame läßt sich von einem Geschäftshause 8 Meter Kaschmir kommen und giebt sie einer Schneiderin zur Anfertigung des Kleides.

o) Jemand übernimmt es, ohne Vergütung die Regulierung der Erbschaft eines verstorbenen Freundes zu besorgen.

p) Man verlangt am Postschalter eine Briefmarke.

q) Ein Reisender giebt dem Schaffner Geld, damit dieser keine weiteren Fahrgäste in den betreffenden Abteil verweise.

r) Es wird ein Dienstmann von dem Eigentümer eines Hundes beauftragt, das Tier zu einem bestimmten Preise zu verkaufen und das Geld jenem abzuliefern; was er über den gesetzten Preis erlöst, soll ihm verbleiben. Außerdem bekommt er natürlich taxmäßige Vergütung.

2. *Erneuertes gemeines Land-Recht des Hertzogthums Württemberg von 1610 Th. II. T. 1:*

§ 1. Das Wort, Leyhen, würdt in Teutscher Sprach auff dreyerley weise gebraucht:

Denn zum Ersten würdt Geld, Wein, Korn, Eisin vnd anders, so gewägen, gezehlt, oder gemessen, vnd mit einem durchauß gleichen Ding zu bezahlen, gelihen: Der gestallt, daß es deß Entlehners aigen würdt, vnd derwegen er solches als sein aigen Gut nutzen, nüssen, verbrauchen, oder sonst hingeben vnd verändern mag. Vnd solches würdt in Lateinischer Sprach . . . . . . genannt.

§ 2. Am Andern, begibt sich, daß einer dem andern etwas ligends oder fahrends vergebenlich hinleihet, ein zeit lang also zugebrauchen, daß eben dasselbig gelihen Gut ohnverändert widerumb heimgegeben werden soll: Welches . . . . . . genannt würdt.

§ 3. Zum Dritten, so beschicht mehrmahls, daß einer dem andern ein ligend oder fahrend Gut, umb ein gewiß Gelt oder Zinß, der gestallt verleihet, daß das verlihen Gut, nach außgang der zu solcher verleihung bestimpten Zeit, dem Leiher widerumb zuzustellen. Vnd würdt dieser Contract auff Lateinisch ...... genannt. —

Es sind die in vorstehendem Abdrucke gelassenen Lücken korrekt auszufüllen und zu erläutern.

3. Der Postsekretär Mylius in Halle a. S. pflegt von dem Weingutsbesitzer Iller in Oppenheim Tischwein in kleinen Fässern zu beziehen. Eines Tages fragt ihn sein Freund, der Gymnasiallehrer Liebetraut, ob er sich an einer solchen Sendung nicht einmal beteiligen könne. Mylius ist dazu bereit und bestellt zwei Fässer verschiedener Sorte von je einem halben Hektoliter. Dieselben werden auf seinen Namen durch die Bahn gesandt und in seinem Keller gelagert.

Nach drei Wochen zieht er an einem dienstfreien Nachmittage das eine Faß auf Flaschen; und läßt Tags darauf das andere durch den Weinküfer Höche abfüllen, der das Reinigen der hierfür nötigen Flaschen besorgt, Krahnen und Korkstopfen mitbringt und für jede Flasche 5 *Pf.* Entgelt für sich berechnet.

Hierauf werden die Flaschen beider Sorten geteilt und die entstandenen Unkosten, die Mylius einstweilen bestritten hatte, halbiert und berichtigt. Liebetraut giebt alsbald 40 leere Weinflaschen an Mylius; und verspricht, die hiernach verbleibende Restzahl der von ihm erhaltenen Flaschen seiner Zeit leer zurückzuerstatten.

Als nach einiger Zeit sein Vorrat sehr zusammengeschmolzen ist, leiht er von Mylius 20 Flaschen Wein der besseren Sorte, mit dem Beding, ebensoviele bei der nächstbeabsichtigten gemeinsamen Bestellung sich anrechnen zu lassen.

Welche rechtlichen Begriffe haben in vorstehendem Anwendung gefunden?

4. Auf was für Rechtsverhältnisse zielen nachstehende Inserate aus Zeitungen ab?

a) Bureau für Rechtssachen von Karl Ott. Klagen, deren Entgegnungen, Testamente, Kaufverträge, Zahlungsbefehle und dergleichen werden sachgemäß besorgt, sowie Rat in rechtlichen Fragen erteilt.

b) Ich suche zum sofortigen Antritt einen gewandten Schreiber mit guter Handschrift. Müller, Gerichtsvollzieher.

c) Tüchtige Bautischler finden auf Akkord-Arbeit sofort gut lohnende und dauernde Beschäftigung.

d) Ein junger Landwirt sucht Stellung als Verwalter bei bescheidenem Salär oder auch als Volontär.

e) Für einen jungen kräftigen Mann, welcher ein Jahr eine landwirtschaftliche Schule besucht hat, wird eine Stelle als Lehrling gesucht, in der ihm Gelegenheit geboten wird, etwas Tüchtiges zu lernen, möglichst unter Leitung des Prinzipals.

f) Ein besseres Schneider-Geschäft sucht sofort einen tüchtigen Zuschneider als Teilhaber mit 6000 *M* Einlage.

g) Schutt und Asche kann in meiner Sandgrube unentgeltlich abgeladen werden.

h) Bin beauftragt ein Gut, 325 Morgen groß, zu verkaufen oder gegen ein Haus zu vertauschen, wenn 20 000 *M* bar gezahlt werden. Weizen- und Zuckerrübenboden, Gebäude neu und massiv, 52 000 *M* in der Brandkasse, 10 Pferde, 35 Stück gutes Rindvieh, 21 Schweine, alle landwirtschaftlichen Maschinen vorhanden. Der Preis ist 180 000 *M*. Hypothek 75 000 *M*.

i) Zu cedieren gesucht per 1. April 50 000 *M* gute sichere Hypothek auf ein Haus in bester Lage in Halle.

k) Wir erlauben uns darauf aufmerksam zu machen, daß wir neben der Verwaltung von Wertpapieren, sogenannter offener Depots, auch die Aufbewahrung geschlossener Wertstücke, enthaltend Effekten, Dokumente, Pretiosen etc., übernehmen, zu deren Unterbringung in unserm Tresor geeignete Räume vorhanden sind. — Die übergebenen Wertpapiere werden stets als gesonderte Depots und als Sondereigentum der einzelnen Hinterleger, unter Namensbezeichnung aufbewahrt. — Kostenfreie Einlösung von Coupons.

5. Wie sind die kommenden juristischen Thatbestände nach Klasse und Art der Entstehungsgründe von Privatrechtsverhältnissen zu bestimmen?

a) Jemand meldet sich zum Eintritt in einen Verein; es erfolgt Abstimmung nach den Satzungen des Verbandes, und das Aufnahmegesuch wird genehmigt.

b) Ein Student kommt mit seinem Hauswirt in persönliche

Streitigkeit und will ausziehen; allein jener legt Beschlag auf die Effekten des Mieters wegen rückständigen Mietgeldes.

c) Von seiten einer Gemeinde wird die ihr zugehörige Jagd im Wege öffentlicher Versteigerung verpachtet. Der Jagdpächter erlegt demnächst Wild. Es treten aber auch Wilderer auf, die auf jener Jagd Hasen erbeuten.

d) Nach dem Tode des X. veräußert sein Bruder, als nächster Intestaterbe einige Erbschaftsgegenstände an Z. Dann wird ein bei Gericht hinterlegter letzter Wille des X. aufgefunden, nach welchem Y. Erbe sein soll. Z. beruft sich darauf, daß er schon über drei Jahre die fraglichen Sachen gutgläubig besessen und dadurch zu Eigentum erworben habe.

e) Ein Händler hat schon oftmals von einem bestimmten Bergwerke Kohlen erhalten, will aber jetzt günstigere Bezugsbedingungen für sich herausschlagen; in längerer hin- und hergehender Korrespondenz einigen sich endlich die beiden Parteien über die Einzelheiten der Lieferung.

f) Man wirft überflüssige Sachen weg, um sie los zu sein.

g) Jemand verliert einen Schmuckgegenstand und sichert öffentlich dem Wiederbringer eine Belohnung zu. Der Finder aber zieht vor, sich das Objekt zuzueignen; — oder: er bewahrt es auf und macht bekannt, daß dasselbe gegen Erstattung der Insertionskosten bei ihm in Empfang genommen werden könne.

h) Nach einem Gesetze des Kaisers Constantin v. 319 (l. 1 C. de bonis maternis 6, 60) soll der Vater am mütterlichen Vermögen des in seiner Gewalt stehenden Kindes den lebenslänglichen Nießbrauch haben. Es ist indessen auch sehr gebräuchlich, daß durch Ehepakten oder durch Kodizill das gleiche Recht der Mutter für den früheren Todesfall des Vaters eingeräumt wird.

i) Ein Handwerker borgt Geld. Zwei Geschäftsfreunde von ihm übernehmen dem Gläubiger gegenüber für richtige Zahlung von Zins und Kapital Bürgschaft.

k) Gerichtlicher Ausverkauf des Waronlagers eines Gemeinschuldners.

l) Geschäftsempfehlungen durch Zeitungsinserate oder Anschläge an Litfaßsäulen.

m) Jemand bezahlt eine Spielschuld, nicht wissend, daß Forderungen aus Spielverträgen juristisch nicht klagbar sind; später darauf aufmerksam gemacht, möchte er sein Geld gern wieder haben.

n) Es wirft jemand nach einem Hunde und trifft aus Ungeschick ein Fenster des Nachbars.

o) Reichs-Haftpflichtgesetz v. 7. Juni 1871, § 1: „Wenn bei dem Betriebe einer Eisenbahn ein Mensch getötet oder körperlich verletzt wird, so haftet der Betriebsunternehmer für den dadurch entstandenen Schaden, sofern er nicht beweist, daß der Unfall durch höhere Gewalt oder durch eigenes Verschulden des Getöteten oder Verletzten verursacht ist.“

p) Ein Kranker, der sein Ende nahe fühlt, macht einer befreundeten Person (in einem anderen Falle: seiner Vaterstadt) das schriftliche Anerbieten, ihr vor seinem Tode eine bestimmte Geldsumme schenkungsweise zu überlassen; stirbt aber unmittelbar nach Absendung des Briefes. Oder: Er hat solches in einem Schreiben an seinen Sohn als letzten Wunsch und Willen ausgesprochen.

q) H.G.B. Art. 306: „Wenn Waren oder andere bewegliche Sachen von einem Kaufmann in dessen Handelsbetriebe veräußert und übergeben worden sind, so erlangt der redliche Erwerber das Eigentum, auch wenn der Veräußerer nicht Eigentümer war. Das früher begründete Eigentum erlischt.“

r) *L. Laelius iudex esto. Si paret Numerium Negidium, cum nauem exerceret, Auli Agerii res quibus de agitur saluas fore recepisse neque restituisse, quanti ea res est, tantam pecuniam, iudex, Numerium Negidium Aulo Agerio condemna, si non paret absolve.*

VI

Bruns, Fontes iuris Romani antiqui, c. 6. Edicta; ed. VI (1893) n. 62 p. 202 sqq.

1. Welche *actio* steht in nachfolgenden Fällen in Frage?

a) Ein Jäger hat sich einen Hund angeschafft, bleibt dann aber mit der Zahlung des Preises im Rückstand; — oder umgekehrt: er hat das Geld durch Postanweisung an die Züchtungsanstalt gesandt, das Tier wird jedoch nicht geliefert; — oder: er erhält einen kranken und zum Jagen untauglichen Hund; — oder einen solchen, der dem Lieferanten gar nicht gehört hat, so daß nunmehr der wahre Eigentümer auftritt und das Tier von dem jetzigen Besitzer herausverlangt.

b) Es muß gegen einen Gutspachter im Prozeßwege vorgegangen werden, weil derselbe den fälligen Pachtzins nicht pünktlich entrichtet.

c) „Glacé- und wildlederne Handschuhe werden auf das Sauberste gewaschen; erstere auch schwarz gefärbt und letztere in der früheren Farbe wieder hergestellt. Nötige Ausbesserungen gelangen ohne weiteres zur Ausführung.“

d) In einer Landstadt werden zur Zeit des Manövers Truppen bei den Bürgern einquartiert. Drei Soldaten kommen mit ihrem Quartierzettel vor ein verschlossenes Haus, dessen Eigentümer mit Familie gerade verreist ist. Sein Nachbar verpflegt jene Mannschaft einstweilen leihweise und möchte die aufgewendeten Kosten später gern zurückerstattet haben.

e) Ein Glaser fordert für das Einrahmen eines Gruppenbildes Bezahlung; — der Photograph ebenso für die Herstellung desselben. — Anspruch eines auf Zeit oder zu bestimmter Tour angenommenen Droschkenkutschers.

f) Am 1. Mai bleiben Maurergesellen von der an einem Neubau zu verrichtenden Arbeit einfach weg; der Meister will sie haftbar machen.

g) Ein in Zahlungsverlegenheit geratener Schuldner kommt mit einem ihm persönlich befreundeten Gläubiger überein, daß er dessen in einem Jahre erst fällige Forderung jetzt schon tilgen wolle, indem dazu sein Aktivvermögen gerade noch ausreichen werde; die Hälfte dieser Schuld wird sofort bar bezahlt, die andere Hälfte soll in drei Wochen abgeführt werden. Einer der übrigen Gläubiger, der dies erfährt, protestiert gegen das getroffene Abkommen.

h) A. hat dem B. brieflich versprochen, auf einer am Wohnorte des A. abzuhaltenden Versteigerung verschiedene näher bezeichnete Objekte bis zu jeweils angegebenem Höchstpreise zu erstehen; A. versäumt den Auktionstermin aus Vergeßlichkeit. — Oder: A. überschreitet das angesetzte Limit des B., in der sicheren Erwartung, daß dieser damit einverstanden sein werde.

i) Man hat Eintrittskarten zu einem Konzerte genommen; dann fällt jenes wegen Heiserkeit einer Sängerin — oder wegen zu geringer Beteiligung — aus.

k) Auf einem Jahrmarkte spielt ein Kasperle-Theater. Ein Vorübergehender bleibt stehen und sieht zu; als aber ein Teller zum Geldeinsammeln herumgeht, weigert er sich, zu zahlen.

l) Ein Hauseigentümer will in seinem an M. und N. vermieteten Hause Centralheizung anbringen lassen. M. widersetzt sich der Ausführung dieses Planes.

m) In dem einen Teile eines Doppelhauses richtet der dortige Eigentümer eine Druckerei ein. Sein Nachbar beschwert sich über den dadurch verursachten übermäßigen Lärm und über die alles erträgliche Maß übersteigende Erschütterung des Hauses, die durch diesen Druckereibetrieb verursacht werde.

n) F. hat dem E. aus dessen Kommode eine dem E. gehörige Summe Geldes heimlich weggenommen. E. verlangt Zurückgabe.

o) Der Gastwirt Leib in Gießleben bestellte telegraphisch bei einer größeren Delikatessenhandlung in Halle a. S. näher bezeichnetes Geflügel, Konserven und Südfrüchte. Den Schluß der Depesche bildeten die Worte: „Sendung notwendig mit zwei Uhrzug."

Am nächsten Tage erschien bei Leib ein Telegraphenbeamter und erklärte, daß für den angeführten Schlußsatz der Betrag für sechs Worte zu bezahlen wäre, und nicht, wie von Leib geschehen, nur für fünf.

Leib verweigerte die geforderte Nachzahlung von 5 *Pf* und wurde nun vom Telegraphenfiskus auf deren Erlegung verklagt.

2. Der Kaufmann Winterberger erscheint auf dem Bureau eines Rechtsanwaltes und trägt vor:

„Seit beinahe einem Jahre wohnt bei mir Dr. Neb zur Miete. Derselbe will demnächst ausziehen, schuldet mir aber noch 350 *M* rückständige Hausmiete, und 30 *M* baren Vorschuß. Zu einem Anzuge hat er für 40 *M* Kammgarnstoff aus meinem Laden entnommen. Ferner hat mir derselbe gegen ein ihm antiquarisch überlassenes Konversationslexikon ein ihm entbehrliches Brehms Tierleben versprochen, aber nicht geliefert. Endlich habe ich neulich bei ihm zufällig ein Mikroskop gesehen, welches ich vor längerem dem Lehrer Lipp geliehen hatte; Lipp ist bankerott und seit einigen Wochen flüchtig.

Ich bitte, den Dr. Neb zu verklagen."

Von welchen Ansprüchen ist hier die Rede; und welche technischen Benennungen führen dieselben im römischen Rechte?

3. An einer Privatlehranstalt, die bis zur Quarta des Gymnasiums vorbereitete, wurde zur Vertretung während eines halben Jahres ein Lehrer für Mathematik, Naturkunde und Geographie mit entsprechender Fakultät gesucht. Ein junger Philologe, namens Mell, stellte sich dem Dirigenten Creakle vor, und sie wurden unter der Bedingung von 100 *M* monatlichen Honorars und freier Station einig.

Aber schon am ersten Abend kamen sie wegen politischer Meinungsverschiedenheit in Streit, in dessen Verlauf Creakle dem Mell eröffnete, er könnte gehen, wohin er wollte, von Einhalten des Kontraktes wäre keine Rede.

Fragen:

a) Stand dem Mell gegen Creakle eine *actio* zu?

b) Wie verhält es sich damit bei dem nicht seltenen Kontraktbruche seitens der „Sachsengänger", landwirtschaftlicher Arbeiter, die zur Sommerszeit, von Osten herkommend, auf Gütern der Provinz Sachsen Arbeit nehmen, und zwar auch gegen freie Unterkunft und Verpflegung nebst bestimmtem Wochenlohn in Geld?

4. Wie sind nachstehende Ansprüche juristisch zu bestimmen?

a) Der Gärtner A. hat den oberen Stock seiner Villa dem Oberst B. vermietet und dabei den Pferdestall nebst Wagenremise hinter dem Hause in der Miete einbegriffen. Als nach einiger Zeit B. von einer längeren Reise zurückkehrt, findet er am Erdgeschoß jenes Hauses eine hervorspringende Terrasse angebracht, die der parterre wohnende Mieter C. mit Genehmigung des A. aufgeführt hat. Da dieselbe die Ausfahrt aus dem Hofe unmöglich macht, verlangt B. deren Beseitigung.

b) Eine Staatsstraße, die zu beiden Seiten mit Obst- und Pappelbäumen bestanden war, durchschnitt unter anderem einige einem reichen Bauern gehörige Fruchtfelder. In diese Felder waren, wie ihr Eigentümer behauptete, die Wurzeln jener Bäume allmählich eingedrungen; weshalb der Bauer auf deren Entfernung wider den Staatsfiskus als Eigentümer der Chaussee, Klage erhob.

c) Ein junger Kaufmann, der bei einer Witwe ein möbliertes Zimmer gemietet, befand sich gerade auf einer längeren Geschäftsreise, als an seinem Wohnorte ein großer Brand entstand, der auch jenes Miethaus bedrohte. Ein Freund des Abwesenden wollte dessen Mobilien retten, allein die Vermieterin hielt ihr Haus nicht für gefährdet und verbot jedem das Betreten ihrer Wohnung. Dann aber griff das Feuer doch über, und die Effekten des reisenden Kaufmanns verbrannten. Wonach er von der Witwe Ersatz forderte.

d) Ein Schuldner war in Konkurs verfallen. Seine vermögende Schwester gab einem Kaufmanne eine größere Summe Geldes, mit der Anweisung, damit die Konkursgläubiger voll abzufinden. Die Summe reichte dazu aber nicht aus, und der Kaufmann legte nun aus seinem Vermögen das Fehlende hinzu, um es später von der Schwester des Gemeinschuldners zurückzuverlangen.

e) Bei einem Weihnachtseinkaufe bedingt man sich aus, daß

man den gewählten Gegenstand nach dem Feste gegen einen anderen frei umtauschen dürfe. Dann will der Verkäufer auf den Umtausch nicht eingehen.

f) W. hatte es übernommen, Sachen des V. zu verkaufen, wofür ihm 2% vom Kaufpreis als Vergütung zugesichert waren; dabei hatte er dem V. einstweilen einen Vorschuß gegeben, der auf die Kaufsumme angerechnet werden sollte. Da die Sachen später nicht verkäuflich waren, forderte W. die gewährte Summe von V. zurück.

5. Vor kurzem reiste eine Dame nach Brasilien vom Lehrter Bahnhofe in Berlin ab und überreichte einem Dienstmanne, der ihr bei der Gepäckbesorgung behülflich gewesen war, zur Belohnung einen Papierschein, der anscheinend das Bildnis des Präsidenten der Vereinigten Staaten trug und die Zahl 500 zeigte. Der Dienstmann, in dem Glauben, eine 500 Dollar-Note in der Hand zu haben, eilte freudig in ein benachbartes Kaufmannsgeschäft, um den ausländischen Schein gegen heimische Münze umzuwechseln. Der Kaufmann, der mit dem Papier gleichfalls nicht recht Bescheid wußte, gab vorläufig 20 *M*. Später stellte sich heraus, daß das Papier über fünfhundert Reis lautete, brasilianischer Herkunft war und nach dem herrschenden schlechten Kurse des brasilianischen Geldes einen Wert von etwa 55 *Pf* hatte.

Es sind folgende Fragen zu beantworten:

a) Was für ein Rechtsgeschäft lag zwischen Dienstmann und Kaufmann vor?

b) Welche *actiones* entsprangen daraus?

c) In welcher rechtlichen Deduktion ist demnach die fragliche Angelegenheit korrekt zu regeln?

---

6. Unter welche Arten juristischer Verteidigungsmöglichkeit fallen die nachstehenden Einwendungen des betreffenden Beklagten?

a) V. fordert Kaufgeld von K. wegen eines veräußerten Schrankes, dessen Abnahme und Zahlung K. jetzt verweigert. Der Beklagte entgegnet, daß er bei dem Handel ausdrücklich hinzugesetzt habe: er wolle sich die Sache erst noch einmal überlegen; welche Sonderausmachung der Kläger in Abrede stellt.

b) M. verklagt den N. und dessen Ehefrau O., weil dieselben sich für ein Darlehn verbürgt hätten, das M. dem P., dem Bruder der mitbeklagten Ehefrau, gewährt hatte. Von seiten des N. wird erwidert, daß er bei Unterschrift des Bürgscheines sinnlos betrunken gewesen sei; zudem stehe P. noch unter väterlicher Gewalt. Betreffs seiner Ehefrau berufe er sich auf die weiblichen Rechtswohlthaten.

c) S. wird von C. wegen einer Darlehnsschuld belangt, die er vor längerer Zeit bei G. kontrahiert hatte. C. hatte diese Forderung nach dem Tode des G. von dessen Sohn und Erben H. gegen Barzahlung des Betrages erworben. S. bringt vor, daß er gegen H. wegen einer ihm von diesem schuldhaft zugefügten Sachbeschädigung selbst noch eine Gegenforderung in halber Höhe seiner Darlehnsschuld habe; übrigens sei H. seines Wissens noch minderjährig und könne deshalb rechtsgültig nichts veräußern; endlich mache er darauf aufmerksam, daß das Darlehn schon 1860 gegeben und erst 1893 eingeklagt worden sei.

d) X. hat ein ihm gehöriges Fahrrad dem Y. leihweise überlassen, aber in ganz verdorbenen Zustande wieder erhalten. Er giebt nun an, daß die Beschädigung von Y. und dessen, ihm persönlich unbekannten, Freunde Z. durch unverantwortlich fahrlässige Behandlung herbeigeführt worden sei; während beide das Vorhandensein einer Schuld auf ihrer Seite entschieden in Abrede stellen.

e) Einem Reisenden wurde in einem Gasthofe seine Brieftasche mit Papiergeld aus dem ihm angewiesenen Zimmer entwendet. Er behauptet, daß dieses sicherlich durch einen Angestellten des Wirtes geschehen sei, wogegen dieser einwirft, daß der Reisende selbst Schuld trage, da er das Zimmer unverschlossen und die Tasche offen auf dem Tische liegen gelassen habe.

f) Ein Landmann, der von seinem Nachbar gerichtlich belangt wurde, weil er wiederholt und trotz alles Protestes über des Klägers Wiese gegangen war, antwortete: daß er angenommen habe, und es nicht anders wisse, als daß dieser über das klägerische Grundstück führende Fußpfad ein öffentlicher, jedermann frei stehender sei, er stelle das vom Kläger in Anspruch genommene Verbietungsrecht bis zu weiterem anderem Beweise entschieden in Abrede.

g) „Ein reicher Mann hatte eine beträchtliche Geldsumme, welche in ein Tuch eingenäht war, aus Unvorsichtigkeit verloren. Er bot öffentlich dem redlichen Finder eine Belohnung, und zwar von 100 Thalern an. Da kam bald ein ehrlicher Mann dahergegangen. „Dein Geld habe ich gefunden. Dies wird's wohl sein! So nimm dein Eigentum zurück!“ Der andere zählte das Geld und dachte unterdessen geschwinde nach, wie er den treuen Finder um seine versprochene Belohnung bringen könnte. „Guter Freund“, sprach er hierauf, „es waren eigentlich 800 Thaler in dem Tuch eingenäht. Ich finde aber nur noch 700 Thaler. Ihr werdet also wohl eine Naht aufgetrennt und eure 100 Thaler Belohnung herausgenommen haben.“ Der ehrliche Finder versicherte, daß er das Päcklein so gefunden habe, wie er es bringe, und es so bringe, wie er's gefunden habe. Am Ende kamen sie vor den Richter.“

(Aus Hebel, Schatzkästlein des rheinischen Hausfreundes.)

7. A. klagt gegen B., da er diesem fünf Tonnen Roggen, die Tonne zu 150 ℳ abgekauft und das Geld dem B. überliefert, dagegen kein Getreide erhalten habe.

Von B. wird der Handel anders dargestellt. Er habe dem A. einmal erzählt, daß er, der B., eine gute Einkaufsgelegenheit von Roggen zu dem angegebenen Preise in Polen habe, und daß er erbötig sei, dem A. von dort solche Frucht zu besorgen. Darauf habe er von A. die in der Klage erwähnte Geldsumme zugesandt erhalten, mit dem Ersuchen, dafür Roggen für A. einzukaufen; was auch geschehen sei. Inzwischen aber sei ein russisches Ausfuhrverbot betreffs Roggen ergangen und habe die Überführung des Getreides gehindert.

Von seiten des Klägers wird repliziert, daß aus der Darstellung des B. gerade dessen Pflicht zum Ersatze des erhaltenen Geldes folge; wie aus l. 20 pr. D. mand. (17, 1) erhelle. Dagegen bezeichnet der Vertreter des B. dies als irrig; indem er vielmehr § 3 J. de emt. et vend. (3, 23) für seinen Klienten anführt, richtet er an den Gerichtshof die Bitte, durch endgültige Abweisung des klägerischen Anspruches diese unerquickliche Sache ein für allemal zu erledigen.

Was ist von dieser Verteidigungsart zu halten? Welche *actiones* stehen in Frage? Wie wird der Ausgang unseres Prozesses berechtigterweise sein müssen?

8. Der Referendar Lüder hatte von dem Pferdeverleiher Sporleder einen Rotschimmel zu einem Spazierritte gemietet, das Pferd aber erst spät am Abend, auf dem Rücken stark gedrückt zurückgebracht. Sporleder stellte Klage an, weil das Pferd, das am Nachmittage wieder abzuliefern gewesen wäre, durch die erwähnte schuldhafte Beschädigung des Reiters mehrere Tage hätte still stehen und mit Medizin versehen werden müssen, sowie deshalb, weil der Sattel durch Lüder gleichfalls beschädigt worden wäre.

Der Beklagte, welcher das Pferd auf den ganzen Tag ohne zeitliche Beschränkung gemietet zu haben behauptete, gestand ein, daß dasselbe gedrückt sei, leugnete aber alle Beschädigung des Sattels, sowie alles Verschulden von seiner Seite in Ansehung des Drückens und meinte vielmehr, daß der Grund des erlittenen Druckes in einem Fehler des Sattels gelegen habe.

Hiernach fragt es sich:

Wie das beiderseitige Vorbringen rechtlich zu charakterisieren sei? Und wem der Beweis der streitigen Parteibehauptungen zufalle?

9. Wie steht es in den kommenden Rechtsfällen mit der Beweislast hinsichtlich der jeweils als bestritten anzunehmenden Thatsachen?

a) G. fordert von S. Rückzahlung eines Darlehns, das jener dem Vater des S. vor längeren Jahren gegeben haben will. S. entgegnet, daß er bezweifle, daß sein Vater das Darlehn erhalten habe; sollte er es empfangen haben, so würde er es gewiß auch schon zurückbezahlt haben; übrigens sei er gar nicht Erbe seines Vaters, da er auf den Nachlaß desselben verzichtet habe.

b) Der Dampfer „Olinda“ war in der Nordsee dem Segelschiffe „Felix“ begegnet und hatte dasselbe angerannt und zum Sinken gebracht. Auf Schadensersatz belangt, leugnete der Kapitän der „Olinda“ jede Schuld bei der Führung seines Schiffes; um so mehr, als man bei dem damaligen dichten Nebel nicht weit habe sehen können, und der „Felix“ die vorgeschriebenen Lichter nicht aufgesteckt gehabt habe.

Kaiserliche Verordnung zur Verhütung des Zusammenstoßens der Schiffe auf See, vom 23. Dezember 1871, Art. 15: „Wenn ein Dampfschiff und ein Segelschiff in solchen Richtungen fahren, daß für sie Gefahr des Zusammenstoßens entsteht, so muß das Dampfschiff dem Segelschiffe aus dem Wege gehen.“

c) M. hatte den N. ersucht, nach einem passenden Landgut, das M. käuflich erstehen könnte, sachverständig sich umzuthun, und N. hatte verschiedene Reisen in diesem Interesse unternommen. Als er nun die dabei gemachten Auslagen von M. verlangt, behauptet dieser, daß er den N. seiner Zeit mit genügenden Geldmitteln zur Ausführung solcher Fahrten ausgestattet habe.

d) X. hatte bei Y. drei Stühle zu je 12 ℳ bestellt und geliefert erhalten; giebt aber jetzt der Aufforderung zur Zahlung gegenüber an, daß er jene Bestellung ausdrücklich im Namen und für Rechnung des Z. gemacht habe.

e) Ein Bauer fordert von seinem Nachbarn einen Streifen Land, den letzterer irrigerweise als ihm gehörig in Besitz genommen habe. Der Nachbar verlangt nun wenigstens die zur objektiven Verbesserung dieses Landstreifens von ihm gemachten Verwendungen ersetzt; erhält aber zur Antwort, daß er ja dafür in den Jahren seines Besitzes die Früchte von der fraglichen Parzelle eingeheimst habe.

f) A. verklagt den B., weil dieser unbefugt seine Schafherde auf Feldern des A. weiden lasse. B. erwidert, daß ihm das Recht dazu allerdings zustehe, da er es schon länger als 10 Jahre ordnungsgemäß ausgeübt habe; wogegen A. die Behauptung aufstellt, daß er das Weiden dem B. nur in freundschaftlicher Weise auf dessen Bitten, aber ohne rechtlich bindende Meinung erlaubt habe; auch habe B. vor kurzem ausdrücklich auf alle etwaigen Rechte an dem Gute des A. Verzicht geleistet.

10. Der Lehrer Serlach wird von dem Bauunternehmer Bloch auf Zahlung von 50 *M* Mietgeld verklagt. Serlach entgegnet, daß er diese 50 *M* von der letzthin gezahlten Mietzinsrate zurückbehalten habe, weil ihm Bloch nicht an dem verabredeten Tage die fragliche Mietwohnung zur Verfügung gestellt und ihn deshalb zu interimistischem Aufenthalte im Gasthofe genötigt habe.

Der Kläger kann die Verzögerung in der Lieferung nicht in Abrede stellen, behauptet aber seinerseits, daß er dem Beklagten rechtzeitig mitgeteilt: es werde sich der Auszug des seitherigen Mieters und die erforderliche Instandsetzung der Wohnung etwas hinausziehen; Serlach habe damals sein Einverständnis damit erklärt.

Im Verhandlungstermine wird von dem letzteren die erwähnte klägerische Aufstellung bestritten. Zeugen und Urkunden sind nicht da; beide Teile weigern sich zu schwören.

Wer hat in dem Rechtsstreite mit Fug obzusiegen?

VII

1. Die Verbindung Acutia hat in dem „Klosterbräu" von dem dortigen Wirte Bergheim ein Zimmer als Vereinslokal auf ein Jahr gemietet und dieses mit Bildern und Fahnen dekoriert, sowie mit eigenen Möbeln ausgestattet. Nach einem halben Jahre verkauft Bergheim in Geschäftsbedrängnis seine Wirtschaft an den Restaurateur Hirnlos, der die Bewirtschaftung des „Klosterbräu" in unveränderter Weise fortsetzt, die Acutia aber nicht darin dulden will.

a) Kann er ihr die Thüre weisen, — sei es vor Ablauf des Mietjahres oder nach demselben?

b) Auf welchem Wege Rechtens kann die Acutia die von ihr eingebrachten Bilder, Möbel etc. wiedererlangen?

c) Wie steht es in dieser Hinsicht mit Sachen, die der Privatmann Rössell, ein früheres Vereinsmitglied, ihr anvertraut und in ihrem Lokale deponiert hatte?

d) Wenn das erwähnte Mietjahr von allen Seiten ausgehalten worden wäre: wie hat alsdann die Regelung der Mietgeldzahlung zu geschehen?

2. A. und B. sind Eigentümer zweier aneinander gebauter Villen, zwischen welchen und der Straße jeweils ein Vorgarten von 15 Meter Breite sich befindet. Sie schließen einen Vertrag dahin, daß sie diese Vorgärten stets in entsprechender Weise als Ziergärten halten wollen und bestärken ihr Versprechen durch Festsetzung einer Konventionalstrafe für den Kontraktbruch. A. vermietet bald darauf sein Haus an den C.; B. veräußert das seinige an den D., der es dem E. vermietet. E. devastiert seinen Garten und legt einen Bleichplatz an.

Kann nicht A. oder C. hiergegen juristisch vorgehen?

3. Es wohnen in einem Hause acht Parteien, welche untereinander gleichberechtigt sind. Eine Partei züchtet im Kellergelaß, welches nur mit einer Lattenthür abgeschlossen ist, junge Hühner und Hunde, und es ist selbstverständlich, daß der von dieser Züchterei ausströmende Geruch in den Kellern der anderen Parteien äußerst wahrnehmbar, daß eine Verbreitung und Auswanderung des diesen Hühnern und Hunden anhangenden Ungeziefers nach den Gängen und den Kellern der anderen Parteien zu spüren ist, daß der Mist, das Ungeziefer dieser Tiere über die Treppen nach den Wohnräumen der einzelnen Parteien, welche von dieser Bereicherung nichts wissen wollen, verschleppt werden.

Müssen sich die übrigen sieben Parteien diese Zustände gefallen lassen oder ist ein begründeter Einspruch dagegen zu erheben?

4. A. kauft von B. eine Sache in brieflicher Verständigung; schickt auch dem B. das Kaufgeld, erhält aber die Sache nicht zugesandt. Als er näher nachforscht, erfährt er, daß B. inzwischen jenes Kaufobjekt dem C. weiter verkauft und tradiert, — oder: dem D. vermietet und ihm übergeben, — oder: dem E. für eine Schuld als Faustpfand überliefert hat. C., — D., — E., — waren guten Glaubens.

Wie haben die Beteiligten sich auseinander zu setzen; und wie kann vor allem A. zu seinem Rechte kommen?

5. Ein Pachter hatte bei Übernahme des Pachtgutes dem Gutseigentümer für ordentliche Erfüllung der Pachtpflichten Kaution stellen müssen. Der Verpachter überträgt das Gut einem Käufer, der den Pachter ruhig weiter wirtschaften läßt und den fälligen Pachtzins von ihm einzieht.

An wen hält sich nun der Pachter für Rückzahlung der Kaution?

6. Ein Erzgauner von bodenloser Frechheit ist Ludwig Swietly, ein berüchtigter Einbrecher, der wegen eines schweren Diebstahles von 30 000 ℳ, verübt an einem Kaufmann Hauser, zu acht Jahren Zuchthaus verurteilt wurde, ohne daß man des gestohlenen Geldes habhaft werden konnte. Mit helfenden Hehlern gelang es ihm, in Frauenkleidern mittels eines bereitgehaltenen Wagens nachts aus dem Zuchthause zu entkommen und die belgische Grenze zu erreichen; worauf er von Antwerpen aus an den Bürgermeister seines Heimatortes 1000 ℳ als Spende für die Ortsarmen sandte „anläßlich seiner glücklich durchgeführten Flucht“.

Da das Geld zweifellos aus der dem Hauser gestohlenen Summe herrührt, so fragt es sich, ob dieser erfolgreich mit dem Bürgermeister um die 1000 ℳ prozessieren kann, und wie darüber begründet zu befinden ist?

VIII

Bruns, Font. iur. n. 47; 146 sqq.

1. Wie sind folgende Vereinigungen juristisch zu bestimmen? Und wer ist dabei das berechtigte und verpflichtete Subjekt?

a) In dem Städtchen A. hat sich 1890 ein geselliger Verein „Concordia“ gebildet; hat Statuten errichtet, wonach die Mitglieder nach bestimmten Regeln ein- und austreten, die Vereinigung einen Vorstand wählt, der ihre Angelegenheiten verwaltet, die Mitglieder ein gewisses Eintrittsgeld und monatliche Beiträge zahlen etc. Zugleich ist in den Statuten bestimmt, daß zur Herstellung eines Gesellschaftslokales ein Garten angekauft und darin ein Haus gebaut, zur Beschaffung der Mittel aber von der „Concordia“, unter Verpfändung dieses Grundstückes, ein Kapital erborgt werden solle.

b) Eine Schulklasse macht einen mehrtägigen Ausflug in das

Gebirge, mit gemeinsamer Kasse, die unter Aufsicht des Lehrers von einem bestimmten Schüler verwaltet wird.

c) Von einem Buchhändler wird ein Lesezirkel eingerichtet: Jeder der 24 Teilnehmer zahlt jährlich 10 *M* und erhält dafür wöchentlich zwei neuerschienene Bücher zur Lektüre; die durchgelaufenen Werke werden am Schlusse unter den Teilnehmern versteigert.

d) *Preuß. Ges. v. 6. Juli 1875, betr. Schutzwaldungen und Waldgenossenschaften:*

„§ 23. Wo die forstmäßige Benutzung nebeneinander oder vermengt gelegener Waldgrundstücke, öder Flächen oder Haideländereien nur durch das Zusammenwirken aller Beteiligten zu erreichen ist, können auf Antrag a) jedes einzelnen Besitzers, b) des Gemeinde-, beziehungsweise Amts-, Kreis- oder sonstigen Kommunalverbandes, in dessen Bezirke die Grundstücke liegen, c) der Landespolizeibehörde — die Eigentümer dieser Besitzungen zu einer Waldgenossenschaft vereinigt werden . . .

§ 25. Das Rechtsverhältnis der Genossenschaft und deren Mitglieder wird durch ein Statut geregelt. — Für diese Regelung ist in allen Fällen der Grundsatz maßgebend, daß in den Eigentums- und Besitzverhältnissen der einzelnen Beteiligten keine Änderung eintritt.

§ 42. Die Waldgenossenschaft kann unter ihrem Namen Rechte erwerben und Verbindlichkeiten eingehen, Eigentum und andere dingliche Rechte an Grundstücken erwerben, vor Gericht klagen und verklagt werden. . .

§ 43. Für die Verbindlichkeiten der Waldgenossenschaft haftet das Vermögen derselben. — Insoweit daraus Gläubiger der Waldgenossenschaft nicht befriedigt werden können, muß der Schuldbetrag durch Beiträge aufgebracht werden, welche von dem Vorstande nach dem im Statute festgesetzten Teilnahmemaße auf die Mitglieder umzulegen sind."

e) Zwei benachbarte Gutsbesitzer kaufen gemeinschaftlich eine Dreschmaschine, um dieselbe in bestimmt verabredeter Weise in der Erntezeit auf ihren Gütern abwechselnd zu benutzen.

f) Es wird eine „Spar- und Hülfskasse" gegründet. Ihr Zweck ist: ihren Mitgliedern mittels kleiner Einlagen ein Kapital zu sammeln, sowie denselben durch gemeinschaftlichen Kredit zu ihrem Gewerbs- und Geschäftsbetriebe bare Geldmittel zu verschaffen. Zur Erreichung dieses Zweckes wird durch Einlagen der Mitglieder ein Fonds gebildet, der durch der Kasse anvertraute Ersparnisse Dritter vermehrt werden soll; die Mitglieder haben zur Deckung der Verwaltungskosten fortlaufende Beiträge zu leisten und haften bis zur Höhe ihrer Einlagen für etwaige Verluste, zu deren Deckung jedoch zunächst ein Reservefonds gebildet wird.

Die Angelegenheiten der Spar- und Hülfskasse, welche unabhängig von dem Ein- und Austritte einzelner Mitglieder besteht, werden teils durch Beschlüsse der Mitglieder in Generalversammlungen, welche der Regel nach durch Stimmenmehrheit gefaßt werden und für alle Mitglieder verbindliche Kraft erlangen, teils durch das satzungsmäßige Organ des Vereins, dem aus fünf gewählten Mitgliedern bestehenden Vorstande, in der im Statute genau geregelten Weise geordnet.

g) Mehrere halten gemeinsam eine Zeitung, die von dem einen bei dem Postamte bestellt wird; — ein Schachklub abonniert auf die „Deutsche Schachzeitung"; — zwei Vereine solcher Art in derselben Stadt verbinden sich zur Gründung einer Schachbibliothek, deren Benutzung ihren Mitgliedern offen stehen soll.

2. Welche Personen sind in nachstehenden Prozessen im Streite?

a) Eisentraut hatte bei dem Amtsgerichte Halle a. S. Wertpapiere zwecks einer ihm auferlegten Sicherheitsleistung deponiert. Jetzt tritt Schmulau auf und behauptet, daß jene Papiere sein Eigentum und von ihm dem Eisentraut anvertraut gewesen seien. Da das Amtsgericht die Herausgabe weigert, so wird es von Schmulau verklagt.

b) Im Jahre 1888 erhob Rechtsanwalt Dr. Pansa bei dem Landgericht Gotha Klage: Er sei seit 1884 Mitglied der Lebensversicherungsbank für Deutschland zu Gotha. Der Vorstand dieser habe ihr ursprüngliches Statut durch eine neue Bankverfassung vom 18. Januar 1888 abgeändert und dadurch den Kläger besonders darin benachteiligt, daß alle kriegspflichtigen Versicherten auch im Falle des Krieges versichert bleiben, während seither in solchem Falle die betreffende Versicherung erloschen wäre. — Der Prozeß fand erst durch Urteil des Reichsgerichtes vom 7. Februar 1890 sein Ende, wobei die Klage abgewiesen wurde.

Als Vorkenntnis wird auf die Verfassung jener ältesten (seit 1827) und größten deutschen Lebensversicherungsbank verwiesen:

„§ 1. Die in Gotha errichtete, in der Eigenschaft einer moralischen Person vom Staate anerkannte Lebensversicherungsbank für Deutschland beruht auf Gegenseitigkeit und auf Öffentlichkeit: auf Gegenseitigkeit, indem die Gesamtheit der Teilhaber derselben jeden einzelnen Versicherten für die Erfüllung der gegen ihn übernommenen Verbindlichkeiten Gewähr leistet; auf Öffentlichkeit, indem alljährlich öffentliche Rechenschaft ohne Rückhalt abgelegt wird.

§ 2. Unter Lebensversicherung wird hier ein Vertrag verstanden, nach welchem die Bank gegen gewisse jährliche Leistungen die Verpflichtung übernimmt, beim Ableben einer gewissen Person ein im voraus festgesetztes Kapital auszuzahlen. Derjenige, mit welchem die Bank einen solchen Vertrag abschließt, heißt der Versicherte; die Urkunde, welche sie darüber ausstellt, die Police; die jährliche Leistung die Prämie." — Die Leitung und Verwaltung der Bank geschieht durch die Bankausschüsse, aus denen der Vorstand sich bildet. Jene werden in drei Bezirken Thüringens von den daselbst wohnenden Bankteilhabern männlichen Geschlechts gewählt. Eine Generalversammlung der (z. Z. ca. 83 000) Versicherten giebt es nicht.

c) Nach dem Reichs-Stempelgesetz vom 27. April 1894 muß beim Ankauf ausländischer Wertpapiere ein Stempelbetrag entrichtet werden. Ein Berliner Privatmann, von dem unter Berufung auf dieses Gesetz ein Betrag von 20 ℳ eingezogen worden war, behauptete, daß dieses gesetzlich unzulässig gewesen sei: und forderte das Bezahlte im Prozeßwege zurück. Da nun die Einziehung der erwähnten Stempelabgaben nach dem angeführten Gesetze den Beamten der einzelnen Bundesstaaten auferlegt ist, so erhob jener Klage gegen den Königlich Preußischen Provinzial-Steuerdirektor in Berlin.

d) Eine Korporation hatte ihre Auflösung mit Stimmeneinheit beschlossen. Bei der Liquidierung und Abrechnung durch den seitherigen Vorstand zeigte sich, daß nur ein kleiner Geldbetrag als Aktivvermögen übrig war, den man unter die seitherigen Mitglieder gleichmäßig zu verteilen beschloß; — l. 3 pr. D. de collegiis (47, 22). Da reklamiert die staatliche Steuerbehörde dieses Vermögen als erb- und herrenloses Gut; — l. 4 C. de bon. vac. (10, 10): Vacantia mortuorum bona tunc ad fiscum iubemus transferri, si nullum ex qualibet sanguinis linea vel iuris titulo legitimum reliquerit intestatus heredem.

3. Wie sind die hiernach aufgeführten Zuwendungen juristisch zu behandeln?

a) Einem städtischen Hospital und Krankenhaus wird kodizillarisch ein Kapital von 12 000 *M* zur Gründung zweier Freistellen ausgesetzt; sowie ferner ein Betrag von 1800 *M* zu dem Behufe bestimmt, daß die jährlichen Zinsen davon den betreffenden Inhabern dieser zwei Freistellen zu gleichen Teilen als ein kleines Taschengeld gezahlt werden sollen.

b) Die am 5. Dezember 1793 verstorbene Prinzessin Henriette Amalie von Anhalt, die jüngste Tochter des „alten Dessauers", bestimmte in ihrem, am 17. März 1772 errichteten Testamente:

„Wir verordnen und wollen demnach, daß auf unseren in Gottes Händen stehenden Todesfall die Kranken und Armen im Fürstenthum Anhalt Deßauischen Antheils Unsre Erben seyn sollen, weshalb Wir selbige als *Universal* Erben Unseres sämmtlichen Vermögens hiermit *instituiren* und einsetzen, dergestalt, daß diese Unsre *Universal* Erben nach Unserer Vorschrifft und *Institution* Unser sämmtliches Vermögen, es bestehe in Baarschafft *Juwelen*, Gold Silber *Obligationes* Wechsel beweglichen und unbeweglichen Güthern, es habe Nahmen wie es wolle, nichts davon ausgenommen, als dasjenige, worüber wir besonders *disponiren* werden, ererben sollen; Jedoch wollen und verordnen Wir daß das *Consistorium* zu Deßau für die von Uns als *Universal* Erben *instituirte* Krancken und Arme, die Verwaltung und *Administration* Unserer Nachlaßenschafft übernehmen soll. Zu welchen Ende wir eine besondere Vorschrifft für Unsere *instituirten Universal* Erben . . in ein besonderes *Codicill* und *Legaten* Buch eingeschrieben haben, worinnen für die von Uns *instituirten Universal* Erben diejenigen Vorschrifften enthalten, nach welcher der Besitz und die Verwaltung Unserer Nachlaßenschafft besorget werden soll . . . Zu welchen Ende wir folgende Personen als *Executor*en Unseres *Testaments* und zur Verwaltung Unserer Nachlassenschafft hiermit ernennen, nehmlich den zeitigen und jedesmaligen Herrn *Superintendenten* zu Deßau, und den zeitigen und iedesmahligen Herrn Regierungs *Praesidenten* zu Deßau und den Herrn von R., *Capitular* . . . auch Herr Hofrath P. zu Deßau . . . Wenn der Herr *Capitular* von R. oder Herr Hofrath P. mit Tode abgehen, alsdann die übrigen *Executor*en, iederzeit an des einen oder des andern Stelle einen Rechts Gelehrten zum Vierten *Executor* wählen und Sr. des regierenden Fürsten *Confirmation* darüber nachsuchen sollen; . . außer denen auch zugleich die Juristen *Facultaet* auf der *Universitaet* zu Halle und die Juristen *Facultaet* auf der *Universitaet* zu Leipzig iedesmahlige Mit *Executor*en Unserer letzten Willens Verordnung seyn sollen . . . Hiernächst Wollen und verordnen wir hierdurch, daß diese Unsere Stiftung den Nahmen Amalien-Stiftung haben, führen und beständig behalten soll . . .“

c) Der Landrichter C. in Wiesbaden erbte von seinem Oheim D. in Miltenberg eine wertvolle Besitzung mit einer nach Art mittelalterlicher Burgen gebauten Villa, die namentlich auch eine Sammlung kulturgeschichtlich interessanter Gegenstände barg. Ein Nachtrag zu dem Testamente des D. enthielt lediglich die kurze Bestimmung: „Mein Neffe und Erbe C. soll verpflichtet sein, an jedem Wochentage von 9—11 Uhr vormittags die Sammlungen des Schlosses und den Park allen anständigen Besuchern zu öffnen.“

d) In Schilda hatte vor längeren Zeiten ein begüterter Einwohner letztwillig ein Kapital ausgesetzt, aus dessen Erträgnissen der jeweilige Schultheiß des Ortes allmorgendlich eine Anzahl frischer Semmeln geliefert erhielt. Erst nach vielen Jahren kam ein durchreisender Fremder dahinter, daß diese auffällige Stiftung zwar buchstäblich auf jenes Testament sich stützte, dessen Sinn aber freilich arg verfehlt hatte. Die guten Leute hatten „Schulz-Wecke“ gelesen, wo es „Schul-Zwecke“ hieß.

e) „In dem von mir bewohnten Hause soll aus Mitteln meines Nachlasses eine Mädchenschule errichtet werden, an der aber nur arme Schulschwestern unterrichten dürfen.“

f) Zwecks Lesung und Durchforschung des Talmud hatte sich in B. eine Gesellschaft von Freunden jenes Werkes gebildet, und zwar nur im Sinne einer *societas*. Diesem „Talmudverein“ hinterließ ein Gönner jener Bestrebungen ein Vermächtnis von 2000 *M*. Daraus sollten an dem jedesmaligen Todestage des Erblassers 50 *M* an zehn jüdische arme religiöse Leute gezahlt werden, die das Grab des Erblassers besuchen und die üblichen Gebete verrichten würden. — Außerdem bestimmte derselbe Testierende 4000 *M* seines Nachlasses dafür, daß die Zinsbeträge dieses Kapitales von dem Taldmudverein zur Ausstattung bedürftiger jüdischer Bräute zu verwenden seien.

4. In welcher Art sind folgende juristische Personen zutreffend zu klassifizieren?

a) Die mit landesherrlicher Genehmigung gegründete, auf Gegenseitigkeit beruhende Rentenanstalt zu Darmstadt bezweckt, ihren Teilnehmern gegen bestimmte Einlagen jährliche, mit dem Alter wachsende Renten zu gewähren. — Die Anstalt betreibt zugleich ein Depositengeschäft, wonach bare Gelder verzinslich bei ihr hinterlegt werden können, sowie eine Lebens- und eine Leibrentenversicherung. Sie führt die Firma „Renten- und Lebensversicherungs-Anstalt zu Darmstadt“; und es sind ihr die Rechte einer juristischen Person verliehen. — Zur Unterscheidung (sagen die Statuten wörtlich) heißen die Mitglieder der Rentenanstalt Rentenversicherte, die Erwerber von Lebensversicherungen Lebensversicherte und die Käufer von Leibrenten Leibrentenversicherte.

b) Von BEKKER rührt der folgende problematische Thatbestand her:

Ausgesetzt ist ein größeres Kapital zu wissenschaftlichen Zwecken, Verfügung und Genuß haben allein die Ordinarien Einer Universität, denen der Beitritt freigestellt ist; die Stiftungsurkunde enthält eine vollständige korporative Verfassung, giebt der Generalversammlung auch das Recht, die Aufhebung zu beschließen, wonach die Bibliothek des Vereins bei den Mitgliedern zur Verteilung käme, das übrige Vermögen aber an den Staat fiele.

c) „Wir Friedrich Wilhelm, von Gottes Gnaden König von Preußen etc. etc. Thun kund und fügen hiermit zu wissen: Demnach Uns die in Unseren hiesigen Königlichen Residenzien bereits im Jahre 1740 von Unserem in Gott ruhenden Oheim und Vorfahren in der Regierung Friedrich den Zweiten, König von Preußen, glorreichen Andenkens, gestiftete Freimaurer-Mutter-Loge, zu den drei Weltkugeln genannt, in tiefster Ehrfurcht gebeten, das ihr bei ihrer Stiftung als einer rechten und wahren Freimaurer-Mutter-Loge ertheilte Confirmations-Patent und Protectorium zu bestätigen, Wir deren Suchen nachgegeben, ertheilen derselben hiermit und Kraft dieses nicht nur Unsere nachgesuchte besondere Königl. Protection, Schutz und Schirm, sondern bestätigen auch noch die ihr als einer wahren Freimaurer-Mutter-Loge ertheilten Rechte und Vorrechte, dergestalt und also, daß die zur selbigen gehörigen benannten Groß- und Ober-Meister, Vorsteher, Secretarius, Redner und übrigen Mitglieder, Tochter-Logen in Unseren Landen zu errichten, Grundstücke zu erwerben und wiederum an andere zu veräußern, und als eine moralische Person zu handeln berechtiget seyn sollen.“ (9. Februar 1796).

Ein gleiches Privileg ist durch Edikt vom 20. Oktober 1798 der großen Landesloge der Freimaurer von Deutschland und der Großen Loge von Preußen (Royal-York zur Freundschaft) erteilt worden. Aus diesen drei Mutterlogen sind alle übrigen Freimaurerlogen in Preußen hervorgegangen.

d) Zu Bremen war in den dreißiger Jahren durch Übereinkunft

der Professoren und Lehrer des Gymnasiums ohne Zuthun der Staatsgewalt, jedoch mit deren stillschweigender Gestattung, eine Pensionsanstalt für die Witwen und Waisen jener Lehrerkategorie gestiftet worden, welche Anstalt ihren Fortbestand, ohne Zuschüsse aus der Staatskasse, nur durch Beiträge der Mitgliedor und freiwillige Zuwendungen von dritter Seite erhalten hat.

5. „Hat Sigismund dem Handwerke derer Wollen Zeug- und Raschmacher, zu einer Montur-Lieferung, welche dieses Handwerk unternommen tausend Thaler gegen einen Schuldbrief dargeliehen, so folgendergestalt unterschrieben worden: *Das Handwerk der Zeug und Raschmacher, Johann, Gotfried, George, allerseits Ober- und Handwerksmeister,* in welcher Urkunde alle für einen und einer für alle *im Nahmen des Handwerks* gelobet an Sigismunden die obgedachte Summe auf Ostern 1756. zu bezahlen, indom aber das Handwerk immer um Nachsicht gebethen, so hat sogar neuerlich dasselbe dem Gläubiger zu wissen gethan: wo er nicht einen Erlaß thun und 66. für hundert nehmen würde, die Zunft sich nach dem Banquerutirer Mandate anzugeben sich genöthiget sähe, weil ihre gemeinschaftlichen Güther zu einen mehrern nicht hinreicheten, wannenhero: Ob das Handwerk der Raschmacher Sigismunden zu Annehmung eines Accords nöthigen könne, oder ob nicht vielmehr sämtliche noch lebende Meister einer für alle und alle für einen aus ihrem eigenen Vermögen die Schuld zu bezahlen verbunden? zu wissen begehrt wird.

Sind nun verschiedene von denen Meistern des Raschmacher Handwerks, so den Schuldbrief damals unterschrieben, nachhero mit Tode abgegangen, deren Erben zum Theil dem Handwerke nicht mehr beygethan, andere aber ganz neue Mitglieder in die Zunft eingetreten, wannenhero: Ob die Erben derer verstorbenen Meister, sie mögen das Handwerk selbst annoch treiben oder nicht, imgleichen die ganz neuen Mitglieder, die Schuld, und zwar einer für alle und alle für einen zu bezahlen schuldig? die Frage entstehet."

(Aus Hommel, Rhapsodia quaestionum in foro quotidie obvenientium neque tamen legibus decisarum.)

6. Eine Gemeinde war in einem Prozesse gegen den benachbarten Gutsbesitzer rechtskräftig verurteilt worden, einer angemaßten Weidegerechtigkeit auf Feldern des letzteren sich zu enthalten, bei Meidung von 100 ℳ Strafe für jeden Übertretungsfall.

Nun haben zwei Bauern, die Mitglieder jener Gemeinde sind, ihnen privatim gehörige Schafe auf jenen Feldern weiden lassen.

Es fragt sich: ob diese beiden jeweilig oder sie zusammen die 100 ℳ Strafe bezahlen müssen; — oder ob die Gemeinde an ihrer Stelle hafte; — oder ob alle drei Personen in Anspruch genommen werden können?

7. In der Gemarkung der gegenwärtig aus 54 Mitgliedern bestehenden Gemeinde Förtha ist eine Waldung, welche den Namen des „Gemeindewaldes" hat, aus deren Ertrag seither gewisse Bedürfnisse und Ausgaben der Gemeinde bestritten worden sind, während der etwaige Überschuß in 29 Teile zerlegt und an 29 altangesessene Hauseigentümer verteilt wurde. Diese sogenannten Neunundzwanziger, die also immer durch das jeweilige Eigentum eines bestimmten Gehöftes bezeichnet wurden, hatten früher die Gemeinde im engeren Sinne gebildet und waren allein in Gemeindeangelegenheiten stimmberechtigt und wahlfähig gewesen. Durch die neuere Verwaltungsgesetzgebung des betreffenden Bundesstaates sind jene Vorrechte aufgehoben worden. Es genießen nunmehr alle Ortseingesessenen das volle Ortsbürgerrecht.

Seitdem bestehen Streitigkeiten zwischen den Neunundzwanzigern und den übrigen Gemeindegliedern, indem jene den Gemeindewald für ihr Privateigentum, letztere aber als Eigentum der Gemeinde ansprechen. Es soll nun auf Anerkennung dieses Gemeindeeigentumes geklagt werden; und fragt es sich, wer sich bei diesem Streite eigentlich gegenübersteht?

Im einzelnen also:

a) Wer hat als berechtigtes Subjekt aufzutreten?
b) Gegen wen ist die Klage zu richten?
c) Von wem ist der Beschluß zur Erhebung des Prozesses zu fassen? Und wer hat einen hierfür anzunehmenden Rechtsanwalt zu bevollmächtigen?

IX

1. Fragen über Verwandtschaft und Schwägerschaft.

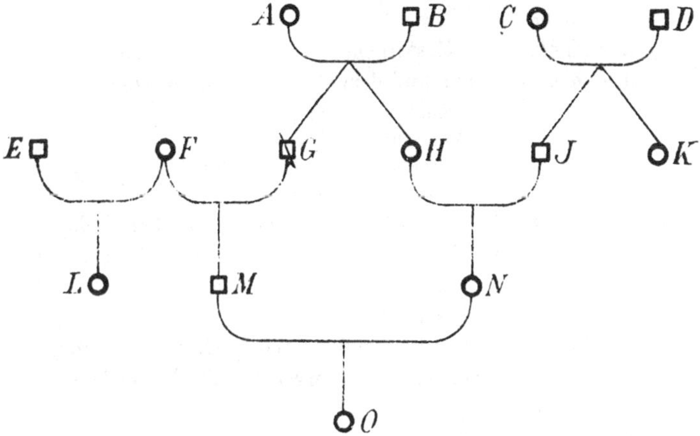

a) Wie sind obige Personen jeweilig miteinander verwandt oder verschwägert: — in welchem Grade — voll- oder halbbürtig — einfach oder mehrfach — agnatisch oder kognatisch?

b) Wie viele „familiae“ sind vorhanden? — Welche Personen sind sui iuris?

c) Wie würde jeder einzelne im obigen Stammbaume nach nov. 118 ab intestato beerbt werden?

2. Wilhelm Norbert hat aus erster Ehe einen Sohn Karl. Lange Jahre nach dem Tode seiner Frau heiratet er zum zweitenmal ein Fräulein Emilie Kast; welcher Ehe eine Tochter Anna entstammt. Dagegen vermählt sich bald darauf Karl Norbert mit Klara Kast, der jüngeren Schwester von Frau Emilie Norbert; und erhält aus dieser Verbindung zwei Kinder, Helene und Walter.

Es ist ein Stammbaum dieser Familie zu entwerfen; und anzugeben: in welcher Weise die einzelnen miteinander verwandt oder verschwägert sind?

3. Juristische Rätsel.

a) Dieses Menschen Vater ist meines Vaters einziger Sohn; wie ist er mit mir verwandt?

b) Dieses Kind ist von meiner Mutter geboren und doch nicht ihr Sohn, noch mein Bruder; wie ist es mit ihr und mir verwandt?

c) Auf einem alten Klostergemälde stehen zwei Weibspersonen; jede hat ein Kind auf dem Arme, darunter steht:

Diese Kind sind unsere Kind,
Ihre Väter unsere Brüder sind,
Und dieses doch in rechter Eh':
Nun rathe, wie die Sippschaft steh'!

d) Eine junge Dame fällt einem Herrn um den Hals und küßt ihn. Zur Rede gestellt, erwidert sie: ist doch seine Mutter meiner Mutter Schwiegermutter.

Wie ist die Verwandtschaft?

e) Es sind zwei leibliche Brüder, und doch ist der eine um zwei Grade näher mit mir verwandt, als der andere.

Wer ist es?

f) Zwei Männer begegneten zwei Frauen, die sprachen zusammen: da kommen unsere Männer, unsere Väter und unserer Mütter Männer.

Wie sind sie verwandt gewesen?

g) Grabschrift.

Hier ruhen sechs Personen,
Zwei Großmütter mit ihren zwei Enkelinnen,
Zwei Ehemänner mit ihren zwei Eheweibern,
Zwei Väter mit ihren zwei Töchtern,
Zwei Mütter mit ihren zwei Söhnen,
Zwei Jungfrauen mit ihren zwei Müttern,
Zwei Schwestern mit ihren zwei Brüdern,
Zwei Stiefsöhne mit ihren zwei Stiefvätern,
Zwei Stiefenkelinnen mit ihren zwei Stiefgroßvätern,
Zwei Schwiegermütter mit ihren zwei Schwiegertöchtern.

4. Der verwitwete A. heiratet die Witwe B. und erzeugt mit ihr ein Kind C. Der A. hat aus erster Ehe zwei Söhne D. und E., die B. ebenso eine Tochter F. Der E. nimmt die F. zur Ehe und erhält von ihr eine Tochter G.

Nach dem Tode von E. und F., sowie demjenigen ihrer Eltern, stirbt C., und es fragt sich: wie derselbe ab intestato zu beerben ist?

5. U. erzählt:

„Ich heiratete vor mehreren Jahren eine Witwe W., die eine erwachsene Tochter X. hatte. Mein Vater V., seit längerem verwitwet, besuchte uns oft; verliebte sich in X. und heiratete sie. So wurde mein Vater mein Schwiegersohn und meine Stieftochter meine Mutter. Nach einem Jahre bekam meine Frau W. einen Sohn Z. Dieser wurde somit meines Vaters Schwager und mein Onkel, denn er war der Bruder meiner Stiefmutter. Meines Vaters Frau X. bekam auch einen Sohn Z. Er war natürlich mein Bruder und gleichzeitig mein Enkel, denn er war der Sohn meiner Tochter. Meine Frau war nun meine Großmutter, denn sie war meiner Mutter (Stiefmutter) Mutter. Ich war also meiner Frau Mann und gleichzeitig ihr Enkelkind. Da nun der Mann der Großmutter — Großvater heißt, so war ich mein eigener Großvater."

Ist diese Darlegung korrekt; — oder worin liegt ein Fehler verborgen?

X

1. Thomas Morus berichtet in seiner Schilderung der Insel „Utopien" ×, daß die schmutzigen und niedrigen Arbeiten dortselbst vorzugsweise von Sklaven besorgt werden, und teilt über diese folgendes mit:

„Pro servis neque bello captos habent nisi ab ipsis gesto, neque servorum filios, neque denique quemquam, quem apud alias gentes servientem possent comparare, sed aut si cuius apud se flagitium in servitium vertitur, aut quos apud exteras urbes (quod genus multo frequentius est) admissum facinus destinavit supplicio. Eorum enim multos, interdum aestimatos vili, saepius etiam gratis impetratos, auferunt. Haec servorum genera non in opere solum perpetuo, verum etiam in vinculis habent, sed suos durius, quos eo deploratiores ac deteriora

× Libellus vere aureus nec minus salutaris quam festivus de optimo rei publicae statu deque nova insula Utopia autore clarissimo viro Thoma Moro (1516).

meritos exempla censent, quod tam praeclara educatione ad virtutem egregie instructi contineri tamen ab scelere non potuerint. — Quodsi sic habiti rebellent atque recalcitrent, tum demum velut indomitae belluae, quos coercere carcer et catena non potest, trucidantur. At patientibus non adimitur omnis omnino spes; quippe longis domiti malis si eam poenitentiam prae se ferant, quae peccatum testatur magis eis displicere quam poenam, principis interdum praerogativa interdum suffragiis populi aut mitigatur servitus aut remittitur. — Aliud servorum genus est, quum alterius populi mediastinus quispiam laboriosus ac pauper elegerit apud eos sua sponte servire. Hos honeste tractant, ac nisi quod laboris utpote consuetis imponitur plusculum, non multo minus clementer ac cives habent, volentem discedere (quod non saepe fit) neque retinent invitum neque inanem dimittunt."

Es ist augenfällig, daß der Dichter sich hierbei an das römische Recht angelehnt, dasselbe aber sehr frei benutzt hat. Es erhebt sich daher die Frage: Welche Rechtssätze über Entstehung und Endigung der Sklaverei finden sich im obigen aufgestellt? Und wie verhalten sie sich zu der entsprechenden Lehre des römischen Rechtes?

2. Ein Dispensator× des im Jahre 39 v. Chr. verstorbenen Calvisius Sabinus fiel bei einem an den Cycladen erlittenen Schiffbruche in die Hände dortiger Fischer, die ihn in ein Sklavenarbeitshaus verkauften, wo er gebrandmarkt wurde. Nachmals gelang es ihm, zu entfliehen und Rom wieder zu erreichen.

a) Welches war nunmehr seine rechtliche Lage?

b) Was für Rechtsfolgen würde es gehabt haben, falls Calvisius Sabinus selbst das oben erwähnte Schicksal erlitten hätte? Oder: wenn dieser nach seiner Aufgreifung durch die Räuber von diesen ermordet worden wäre?

3. Die ergreifende Schilderung, welche Harriet Beecher-Stowe in ihrem berühmten Romane „Onkel Toms Hütte" von dem Negerleben in den Sklavenstaaten von Amerika gegeben

× Cf. l. 166 D. de V. S. (50, 16). — S. auch den interessanten Rechtsfall in l. 62 D. de solutionibus (46, 3); in Verbindung mit l. 51 eod.

hat, vermag nicht nur für den Sozialpolitiker von einem weiten Interesse und von fruchtbarer Anregung in mannigfachster Richtung zu sein, sondern kann auch dem Rechtshistoriker, sofern er nur als technischer Jurist vorgeht, mancherlei Daten zu nachdenklicher Erörterung liefern.

Man nehme beispielsweise folgende Einzelheiten aus jenem Buche:

Der Neger Tom, ein ruhiger, arbeitsamer und frommer Mann, genoß das Vertrauen seines Herrn so sehr, daß er ihn in entfernte Städte zum Abschlusse von Geschäften und auch zur Einkassierung von Geld sandte. — Allerdings bestand damals das amerikanische Gesetz, wonach auch aus nicht sklavenhaltenden Staaten jeder Sklave dem fordernden Eigentümer ausgeliefert werden mußte; — welches manche Eigentümer durch Einbrennen ihres Namenszuges in den Körper des Sklaven zu sichern suchten. — Tom lebte mit seiner Frau und mehreren Kindern jahrelang in einer Hütte auf der Farm seines Herrn, der auch nicht duldete, wie sonst vielfach geschah, daß die Sklaven ihre Weiber verließen und sich zu anderen gesellten; — aber sein Herr geriet in finanzielle Bedrängnis, so daß die Vermietung seiner Sklaven an benachbarte Fabriken nicht mehr genug einbrachte; — so verkaufte er Tom an einen Sklavenhändler, — durch schriftlichen Vertrag, zu dessen Gültigkeit noch die Unterschrift eines Zeugen nötig war, — und übergab ihn, von Frau und Kindern ihn wegreißend, dem Käufer. — Der Händler verkaufte ihn an einen reichen Franzosen in New-Orleans, in dessen Hause die Sklaven in sehr verschiedenem Range lebten und gut behandelt wurden; — wobei der Herr Verletzungen seiner Sklaven durch Dritte als Beleidigung seiner selbst aufnahm; — er war auch im Begriffe, ihnen die Freiheit zu geben, hatte aber die gesetzlichen Förmlichkeiten (Errichtung einer Urkunde vor der Behörde) noch nicht gemacht, als er starb. — Tom wurde auf eine Plantage in Louisiana verkauft, an einen grausamen Herrn, in härteste Arbeit, nachdem man ihm alle seine Ersparnisse, sowie Kleider und Wäsche einfach weggenommen; — er wurde in willkürlicher Roheit mißhandelt, gemartert und zu Tode geschlagen. — Sein alter Herr, der ihn zurückkaufen wollte, kam zu spät; er nahm den

Leichnam — jetzt natürlich unentgeltlich — und bereitete ein feierliches Begräbnis. — Die Südstaaten sahen damals den Schritten gegen den Sklavenhandel sehr ruhig zu, da sie erklärten, daß sie von ihren Sklavinnen — die sie zur Prostitution auch beliebig mißbrauchten — nach Art der Tierjungen ihre Sklaven selbst züchten könnten. —

Es fragt sich nun:

Wären diese einzelnen Vorkommnisse auch unter der Herrschaft des römischen Rechtes zulässig gewesen? Nahm dieses vielleicht bei den hier auftauchenden Fragen in den verschiedenen Perioden seiner Entwickelung eine wechselnde Stellung ein? Welche Ähnlichkeiten oder Unterschiede weist es dabei von den angeführten amerikanischen Gesetzen auf?

---

4. Welches ist die Rechtsstellung nachstehender dritter Personen hinsichtlich der Geschäfte der jeweils endgültig Beteiligten?

a) Es verzieht jemand nach einem neuen Wohnort und bittet einen dortigen Bekannten, ihm eine Wohnung näher angegebener Beschaffenheit zu mieten.

b) Ein Handwerksmeister schickt einen Lehrling mit quittierter Rechnung zu einem Kunden, um von diesem Bezahlung zu erbitten. — Oder: er sendet seinen Geschäftsführer mit offener Rechnung und der Befugnis, dieselbe gegebenen Falls zu quittieren.

c) Jemand erteilt einem Rechtsanwalte Vollmacht zur Klageerhebung gegen einen säumigen Schuldner.

d) Bei einem gemeinsamen Ausfluge nimmt der eine Teilnehmer einstweilen alle Fahrkarten für die Eisenbahnfahrt.

e) Um einen Dienstboten zu mieten wendet man sich an ein Gesindevermietungsbureau, welches sich meldende Bewerber der betreffenden Herrschaft zur Vorstellung sendet.

f) Der Hausdiener des Gasthofes besorgt Gepäckstücke eines Reisenden an den Bahnhof.

g) Es stellt sich bei einem Privatmanne ein Weinreisender vor, der Aufträge für seinen Prinzipal in Empfang nehmen und vermitteln will.

h) Zwei Kontrahenten kommen dahin überein, daß die Höhe des Kaufpreises in dem zwischen ihnen schwebenden Handel von einem unparteiischen Dritten bestimmt werden soll.

i) Zum Zwecke der Ausführung öffentlicher Bauten nehmen städtische Behörden für ihre Kommune eine Anleihe auf.

k) Der „Courier“, Privat-Stadtbrief-Beförderungsanstalt erbietet sich zur Erledigung postalischer Sendungen innerhalb des betreffenden Stadtgebietes.

l) Eine täglich erscheinende Zeitung wird gegen Zuschlag zum Bezugspreise von der Expedition den Abonnenten in das Haus durch Austräger zugestellt.

m) Ein Dienstmädchen wird ausgeschickt, um eine Droschke zu holen, in der es in üblicher Weise nach der Wohnung der Herrschaft gleich mitfährt.

n) Bei einem Pferdemetzger läuft aus Stockholm eine briefliche Anfrage über etwaige Lieferung von Pferdefleisch ein. Er läßt sich von einem Sprachlehrer das Schreiben aus dem Schwedischen übersetzen und zugleich eine, inhaltlich von ihm angegebene, Antwort in jener Sprache entwerfen.

o) Ein Rittergut liefert Milch nach der benachbarten Stadt. Die Milch wird in plombierten Kannen von Frauen ausgetragen, die für jedes verkaufte Liter eine Vergütung von 2 ₰ beziehen.

p) Der Diener einer Korporation erhält von deren Kassierer Geld, um Vereinsschulden damit zu tilgen.

5. Ein bei einer Bierbrauerei etwa drei Jahre beschäftigt gewesener Bierfahrer forderte nach seinem Abgange aus dem Dienste das von ihm als Kaution hinterlegte, über 372 ℳ lautende Sparkassenbuch zurück, ferner noch einen Betrag von 60 ℳ für Provision u. s. w. Er wurde damit aber von dem Brauereibesitzer unter der Ausführung abgewiesen, daß er noch Bierflaschen, die sich bei den von ihm bedienten Kunden befänden, und einen Wert von 560 ℳ repräsentierten, herbeischaffen müsse. Der Kutscher beschritt nun den Rechtsweg, indem er darauf hinwies, daß er außer stande sei, jetzt diese Flaschen herbeizuschaffen.

Fragen:

a) Welche Privatrechtsverhältnisse liegen hier vor?

b) Welche *actiones* stehen in Frage?

c) Wie ist der Streit nach dem Rechte des corpus iuris civilis zu entscheiden?

d) Würde es hiernach von Interesse sein, ob der Fahrer von den Käufern Haftscheine für die zurückzugebenden Flaschen erhalten, und ob er diese dem Prinzipal übergeben hatte oder nicht?

e) Welchen Einfluß würde es nach römischem Rechte gehabt haben, wenn der Bierfahrer ein servus gewesen wäre?

6. „Didius Secundus sendet dem Arrianus Severus, dem Rechtsgelehrten, seinen Gruß.

Im verwichenen Sommer habe ich meinem Freunde Mummius Lollianus Auftrag gegeben, für mich von dem Sklaven Onesiphorus, den Julius Fronto als Verwalter seines sizilianischen Landgutes eingesetzt hat, 600 Scheffel Weizen zu kaufen. Der Handel ist von ihnen abgeschlossen, und das Geld an den Onesiphorus gezahlt worden, das Getreide aber zur rechten Zeit nicht angekommen. Da nun Mummius Lollianus vor kurzem mit Tod abgegangen ist, so frage ich an: ob ich wegen des mir zugefügten Schadens, den ich noch nachzuweisen bereit bin, gegen irgend jemanden vorgehen kann, und wie ich das zu bewerkstelligen habe?“

7. Licinius vermietete ein ihm gehöriges Schiff auf 15 Monate an Calpurnius. Dieser ließ das Schiff befrachtet in See gehen und setzte seinen Sklaven Stephanus zum magister navis ein. Am Ankunftsorte hatte Stephanus zum Zwecke der Ausbesserung des Schiffes Geld nötig; er erhielt solches gegen die üblichen Zinsen von Agerius vorgestreckt, und verwendete einen größeren Teil davon namentlich zum Ankaufe neuer Segel von dem Kaufmanne Zoilus.

Es ist anzugeben:

An wen konnte sich Agerius wegen seines hingegebenen Kapitales mit Fug halten? Und welche *actiones* standen dabei zur Erwägung? Wem haftete umgekehrt Zoilus, wenn sich die verkauften Segel als schiffsuntüchtig und mangelhaft erwiesen?

XI

Bruns, Font. iur. n. 27 sqq., n. 85.

1. Apostelgeschichte XXII, 25—29:

„Als er ihn aber mit Riemen anband, sprach Paulus zu dem Unterhauptmann, der dabei stand: Ist es auch recht bei euch, einen römischen Menschen ohne Urteil und Recht zu geißeln?

Da das der Unterhauptmann hörte, ging er zu dem Oberhauptmann, und verkündigte ihm, und sprach: Was willst du machen? Dieser Mensch ist römisch.

Da kam zu ihm der Oberhauptmann, und sprach zu ihm: Sage mir, bist du römisch? Er aber sprach: Ja.

Und der Oberhauptmann antwortete: Ich habe dies Bürgerrecht mit großer Summe zuwege gebracht. Paulus aber sprach: Ich aber bin auch römisch geboren.

Da traten alsobald von ihm ab, die ihn erfragen sollten. Und der Oberhauptmann fürchtete sich, da er vernahm, daß er römisch war und er ihn gebunden hatte."

Fragen:

a) Was ist hier ein „römischer Mensch"? Und was steht dazu im Gegensatze?

b) Wie unterscheidet sich die Rechtsstellung des Oberhauptmannes von der des Paulus?

c) Entstammte die Furcht der Beamten gewissen rechtlichen Bedenken?

2. Das Gleiche findet sich in jenem Buche XXIII, 27. Dagegen heißt es anders in XXV, 10—12; 21, 25:

„Paulus aber sprach: Ich stehe vor des Kaisers Gericht, da soll ich mich lassen richten; den Juden aber habe ich kein Leid gethan, wie auch du aufs beste weißt.

Habe ich aber jemand Leid gethan und des Todes wert gehandelt, so weigere ich mich nicht zu sterben; ist aber der keins nicht, des sie mich verklagen, so kann mich ihnen niemand ergeben. Ich berufe mich auf den Kaiser.

Da besprach sich Festus mit dem Rat, und antwortete: Auf den Kaiser hast du dich berufen, zum Kaiser sollst du ziehen."

Von welcher Rechtseinrichtung ist hier die Rede; und was ist rechtsgeschichtlich darüber des näheren zu bemerken?

3. Der Dichter Ovidius Naso, ein Sohn eines römischen Ritters, zog sich bekanntlich die Ungnade des Kaisers Augustus derartig zu, daß seine „relegatio" nach Tomi an der thracischen Küste erfolgte.

War dieses mit einer capitis deminutio verbunden? Welche verwandten Institute kannte das römische Recht noch?

XII

Bruns, Font. iur. n. 144.

1. Der Mieter M. pflanzt Rosen in dem zu seiner Wohnung gehörigen Garten des V. Da M. nach Ablauf des Mietvertrages die Stadt verlassen will, so schenkt er diese Rosen seinem Freunde O.

Wie steht es mit dem Eigentumsrechte an jenen Rosenstämmen? Und wie mit den obligatorischen Ansprüchen, die hier zur Erwägung gezogen werden können?

2. Ein Gutsbesitzer hat in formloser mündlicher Beredung einem Holzhändler eine Partie stehender Bäume verkauft, die der Erwerber selbst schlagen und abholen lassen soll.

Ist der Verkäufer an das Geschäft rechtlich gebunden, wenn das dortige Partikularrecht zur gültigen Veräußerung von Immobilien Schriftlichkeit des Vertrages verlangt?

3. Nach der Erzählung des Dionysius Halicarnassensis sollen im Jahre 298 p. u. c. zwei Plebejer am Aventin in Rom zusammen ein Haus gebaut und dann nach Stockwerken unter sich verteilt haben.

Wie war dieses Rechtsverhältnis aufzufassen und zu behandeln?

4. Drei Fischer hatten am Stenderupper Strande in Holstein an der Ostseeküste drei Aalwehren seit Menschengedenken in Benutzung gehabt. Als nun ein vierter Fischer begann, ähnliche Aalwehren dortselbst anzulegen, so klagten jene drei auf Untersagung der Ausführung dieses Planes, da sie betreffs des Aalfanges die ausschließliche Nutzungsbefugnis jenes Teiles des Meeres erworben hätten.

L. 10 pr. D. si servitus vindicetur (8, 5); — §§ 1, 3, 5 J. de R. D. (2, 1).

Wie ist hierüber zu befinden?

5. Der Küfer einer großen Weinhandlung hatte aus Rachsucht, wegen Dienstentlassung, mehrere große Fässer edlen Weines angebohrt, so daß der Wein auslief, den Keller überschwemmte und auf die Straße floß. Mehrere Personen brachten von diesem „vinum profluens" sich einiges in Sicherheit.

Hatten sie sich fremdes Gut angeeignet?

Cf. § 1 J. de R. D. (2, 1).

6. Ein Landpfarrer klagt einem befreundeten Juristen, daß die Bauern des Dorfes sich gern beikommen ließen, zu feldwirtschaftlichen Zwecken über den Kirchhof zu fahren. Er fragt: ob — unter Zugrundelegung der Bestimmungen des römischen Rechtes — diese freie Benutzung des befriedeten Ortes jedem gestattet sei, oder ob jemand, und wer, befugt sei, hiergegen Einsprache zu erheben?

7. X. hat von der Gemeinde G. ein Erbbegräbnis gekauft. Irrtümlich wird eine andere Person darin beerdigt.

Kann X. Wegnahme verlangen? Welche *actio* kommt in Frage?

L. 2, l. 7 § 1 D. de religiosis (11, 7).

8. In der Schweiz war es bisher an vielen Orten üblich, daß zu Gesangsvorträgen bei Sängerfesten die Kirche benutzt wurde, da in der Regel sie allein den nötigen Raum bietet. Die katholischen Kirchenbehörden haben jetzt diesen Gebrauch untersagt, und darüber ist es vielfach zu Zwistigkeiten gekommen. So auch in Reiden (Kanton Luzern), woselbst Pfarrer Thüring das Verbot damit rechtfertigte, daß er ausführte, die Kirche gehöre weder der Gemeinde, noch der Regierung, sondern sei das alleinige Eigentum Gottes. Bei diesen Worten wurde hinten in der bewegten Versammlung die halb unterdrückte Stimme eines Bäuerleins vom reidener Moos laut, welches meinte: „Chönnt mer ächt da die amtlich Fertigung au gseh?" (Könnte man vielleicht die amtliche Beglaubigung auch sehen?)

Wie ist über diese Streitsache nach §§ 7, 8 J. de R. D. (2, 1) zu urteilen?

XIII

Bruns, Font. iur. n. 105 sqq.; — n. 6.

1. Wie steht es in folgenden Fällen mit Erwerb und Verlust des Eigentumes?

a) A. schließt mit B. brieflich einen Kaufvertrag über einen Rappen ab, den er früher bei B. gesehen. Da er Gelegenheit hat, denselben an C. weiter zu veräußern, so schreibt er, unter Übersendung des Kaufpreises, an B., daß er das Pferd an C. senden möge, der es zunächst zur Probe reiten solle. B. giebt dem C. Nachricht, daß er ihm das Tier schicken werde und läßt den Rappen darauf auf der Bahn verladen.

b) Von einer größeren Menge in Fässern lagernden Fettes hatte ein Kaufmann 200 Fässer an einen anderen Kaufmann auf Kredit verkauft und diesem geschrieben, daß er die 200 Fässer für ihn auf Lager nehme. Unmittelbar darauf brach über das Vermögen des Verkäufers der Konkurs aus.

c) Der Chef eines Handlungshauses, das an eine andere Firma 300 Säcke Reis verkauft hatte, ließ der Erwerberin die Schlüssel zum Magazin einhändigen, um sich die 300 Säcke, die in einem besonderen Raume ausgeschieden lagerten, selber zu holen, wann und wie es ihr passe. Die Käuferin ließ durch ihre Leute alsbald 50 Säcke abholen, nach drei Tagen weitere 100 Säcke; der Rest blieb einstweilen bis zur Zahlung des Kaufpreises liegen, nach welcher wieder 50 Säcke abgeholt wurden.

d) Die norwegische Barke „Elsa Anderson" brachte vor kurzem das Wrack einer englischen Brigg ein, die vor langen Jahren untergegangen war. Ein unterseeisches Erdbeben bei den Faröern hatte die Brigg wieder an die Oberfläche des Meeres gebracht. Der Rumpf des Schiffes war mit Seemuscheln bedeckt. In der Kapitänskajüte fand man mehrere eiserne Kisten. Die darin befindlichen Schriftstücke waren breiartig geworden bis auf einen ledernen Sack. Dieser war so hart, daß man ihn mit einer Axt aufschlagen mußte. In dem Sacke befanden sich etwa

1000 englische Sovereigns vom Jahre 1809. Auch waren mehrere Uhren darin, die vom Seewasser natürlich völlig wertlos gemacht worden waren. Man fand in dem Schiffe außerdem drei Menschenskelette.

e) L. hatte bei einer Holzversteigerung einen Eichstamm gekauft und bezahlt. Es wurde aber derselbe Stamm dann von P. an sich genommen, behauen und in ein Wehr eingefügt, welches P. der Wasserbaugesellschaft H. zu erbauen hatte.

2. N. hat den lebenslänglichen Nießbrauch an dem Grundstücke *a b c d*, einem mit Obstbäumen bepflanzten Grasgarten und kleinem Steinbruch (bei *d*). Es gehört dem E. — N. überläßt unentgeltlich dem Landwirte L. das Heu, mit dem Bedinge, daß L. es selbst mähen und sich holen müsse. Zugleich tritt N. dem Handelsmann K. die demnächstige Obsternte gegen eine runde Summe ab. — L. mäht das Gras zwischen *h b e f i* und läßt es zum Trocknen liegen. In der Nacht stirbt N.; sein Erbe ist H. — Es entsteht Streit, und es stellt sich heraus, daß der Abschnitt *e f g* während des Nießbrauches des N. vom Flusse angeschwemmt ist.

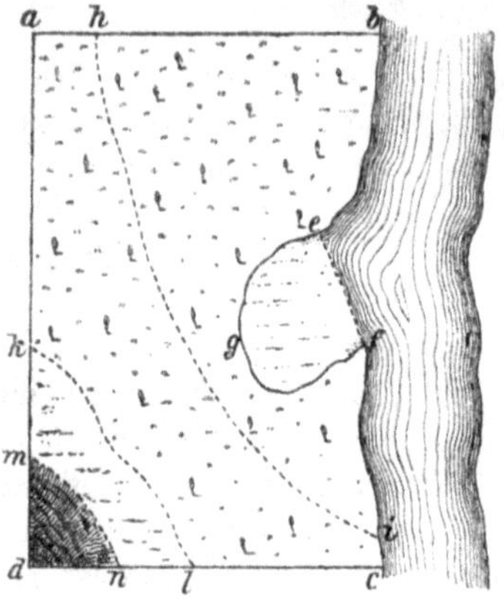

Fragen:

a) Wem gehört die Anschwemmung zu Eigentum?

b) Wer ist Eigentümer des Grases: α) des gemähten? β) des noch stehenden?

c) Wie steht es mit dem Obst: ist K. oder H. oder E. daran berechtigt?

d) Wie stände es, wenn bereits Obst durch den Wind gefallen wäre? oder von L. beim Mähen heimlich abgepflückt? oder von N. abgemacht worden wäre?

e) N. hat zwei Obstbäume gefällt; den einen auch in seine Wohnung schaffen lassen. Rechtsfolgen?

f) Der Steinbruch ist durch Benutzung des N. von *k l* auf *m n* zurückgegangen. E. beansprucht die Steine oder deren Wert. Mit Recht?

g) Bei *m* hatte der Arbeiter Y. in der Tiefe ein Metallkästchen entdeckt und seinen Genossen Z. darauf aufmerksam gemacht, der hinabkletterte und in jenem eine Menge alter in Kriegszeiten versteckter Münzen fand. Sie brachten es zu dem damals noch lebenden N., der es an sich nahm. Wer hat nun Anspruch auf den Fund?

3. „Hat *Titius* seine in Meissen gelegene Weine, Kraft eines aufgerichteten *Instruments,* an *Cajum* käuflich überlassen, selbigem auch diese Weine abzuholen freygestellet; ist aber, ehe und bevor die Abholung geschehen mögen, von *Lucio* aus einem Wechsel-Brief belanget und bewogen worden, die annoch vorhandenen Weine dem *Lucio in solutum* abzutreten und desselben hierzu bestellten *mandatario* würcklich zu übergeben. Als aber nachgehends ein *Concursus creditorum* wider *Titium* entstanden, hat der ehemalige Käufer *Cajus arrest* auf die dem *Lucio in solutum* überlassenen Weine gesucht. Entstehet also die Frage, welchem unter diesen beyden letztern eigentlich die Weine zukommen?"

(Aus Leyser, Meditationes ad pandectas.)

4. Die Frau eines Herrn S. in Berlin war an der Lungenschwindsucht gestorben und sollte auf Wunsch des Arztes sofort nach der Leichenhalle überführt werden. Neben andern Sarglieferanten meldete sich auch ein Tischler K., diesem zahlte S. im voraus 75 *M* für einen anzufertigenden Sarg. Pünktlich brachte Herr K. den Sarg mit seinem Gesellen auf einem Handwagen. Da trat der Gerichtsvollzieher M. auf offener Straße an das Fuhrwerk und pfändete den Sarg, trotzdem K. angab, daß ihm derselbe gar nicht mehr gehöre! S. reklamierte sofort den Sarg als sein Eigentum und zeigte dem M. die Quittung über den gekauften Sarg, wurde aber von M. mit dem Bemerken zurückgewiesen, daß der Sarg im Auftrage des Holzhändlers H. gepfändet werde und man des S. Eigentum nicht anerkennen könne.

Wer war nun Eigentümer des Sarges?

5. Ein in Bremen wohnender Kaufmann, der an der bremischen Grenze im Hannöverschen ein Gut besitzt, kommt mit seinen Nachbarn wegen einer Parzelle in Konflikt, für die im Grundbuche kein Eigentümer eingetragen war. Er beweist, daß er jenen Landstreifen vor etwa 14 Jahren gutgläubig gekauft habe, und daß das fragliche Terrain nur aus Irrtum von seinem Verwalter während der letzten 3 Jahre in den Händen der Nachbarn belassen worden sei. Die Nachbarn aber behaupten, daß das jetzt streitige Land immer ihnen, und nicht dem Verkäufer des Kaufmannes, gehört habe.

Wie verhält es sich hiernach mit dem Eigentum an jenem Grundstücke?

Was wäre darüber zu bemerken, wenn in solcher Weise der preußische Fiskus, als Käufer und Rechtsnachfolger des obigen Kaufmannes jene Gutsnachbarn verklagt hätte?

6. Ein Papagei entkommt seinem Herrn, wird von diesem aufgegeben und fliegt in den Garten des Publius. Maevius, ein Freund des Publius, ist zufällig in dessen Garten und fängt den Papagei, und zwar in dem Garten des Nachbars Sallustius, jedoch auf einem Baume, dessen Stamm im Garten des Publius steht, dessen Zweige nur in den Garten des Sallustius hinüber hängen.

Wer hat den Papagei zu bekommen?

7. Als zwei Freunde an dem Ufer der Saale spazieren gingen, von einem gelehrigen und zum Apportieren sehr geschickten Pudel begleitet, warf der eine einen Stein in das Wasser, damit der seinem Freunde gehörige, ihm bekannte, Hund ihn herausholen solle. Statt des Steines bringt das Tier einen goldenen Ring. Beide wollen ihn haben.

Wem kommt er zu?

8. *Vertrag wegen Ausführung von archäologischen Ausgrabungen auf dem Boden des alten Olympia. Vom 12/25. April 1874.*

„Die Kaiserlich deutsche und Königlich griechische Regierung haben, von dem Wunsche geleitet, auf dem Gebiete des alten Olympia in Griechenland gemeinschaftlich archäologische Ausgrabungen vorzunehmen, beschlossen, zu dem Behufe eine

Konvention abzuschließen und sind über Folgendes übereingekommen: . . .

Art. 5. Deutschland behält sich das Recht vor, in der Ebene von Olympia diejenigen Grundstücke zu bezeichnen, welche zu Ausgrabungen geeignet sind, die Arbeiter anzunehmen und zu entlassen, und alle Arbeiten sowohl im ganzen als im einzelnen zu leiten. (NB. Die fraglichen Grundstücke wurden teils von Griechenland, teils von Deutschland erworben, zum Teil verblieben sie im Eigentum von Privatpersonen.)

Art. 6. Griechenland erwirbt das Eigentumsrecht an allen Erzeugnissen der alten Kunst und allen anderen Gegenständen, welche die Ausgrabungen zu Tage fördern werden. . .“

Wie würde — unter Zugrundelegung des römischen Rechtes — das Eigentumsrecht an den Ausgrabungen zu bestimmen gewesen sein, falls der angeführte Staatsvertrag hierüber nichts enthalten hätte?

9. Im vorigen Jahrhundert ging die „Lutine“ an der holländischen Küste bei Terschelling mit einem Silberschatze von mehreren Millionen Gulden zu Grunde. Vor langen Jahren hatte man wiederholt einige spanische Münzen aus der Tiefe geholt. Seitdem ist die „Lutine“ aber wieder vollständig vom Sande bedeckt, so daß das Schiff für gewöhnliche Taucherwerkzeuge unerreichbar war. Nun hat der Ingenieur Ter-Meuten, der seit 1867 mit der Hebung des Silberschatzes beschäftigt ist und trotz aller Mißerfolge den Mut keinen Augenblick sinken ließ, einen neuen Taucherapparat, einen sogenannten Sandsauger, erfunden, der den Sand aufwühlt, in Bewegung bringt und mit dem Meereswasser vermischt, so daß es für die Taucher möglich ist, das Schiff selbst zu erreichen und in demselben die Entdeckungsversuche fortzusetzen.

Welche römischrechtlichen Sätze über Eigentumserwerb würden anzuwenden sein, wenn es Ter-Meuten gelänge, seinen Plan zu verwirklichen?

10. Anfang des Jahres 1813, als Russen und Franzosen in der Mark hausten, vergrub der Bauer Lindenberg in Mehrow bei Alt-Landsberg sein Barvermögen, mehrere hundert Thaler, auf dem Hofe seines Grundstücks, um es den anrückenden Kosaken zu entziehen. Bald darauf erkrankte Lindenberg und starb infolge eines Schlaganfalls; er konnte seiner Witwe im Fieberdelirium nur noch die Mitteilung machen, daß er das Geld vergraben habe, ohne jedoch die Stelle anzugeben. So blieben die Nachforschungen, die zur Hebung des Schatzes angestellt wurden, vergeblich; wie oft auch Sohn und Enkel des Verstorbenen das Grundstück durchsuchten, sie vermochten das vergrabene Geld nicht wieder zu finden. Der letzte Lindenberg starb vor vier Jahren. Zwecks Erbschaftsteilung wurde das Bauerngut verkauft. Die Witwe machte damals den neuen Käufer darauf aufmerksam, daß der Schatz vergraben sei; auch er fand ihn nicht, bis jetzt, vor wenigen Wochen, der Backofen erneuert werden sollte. Beim Abtragen einer Mauer fand der neue Besitzer einen Topf, gefüllt mit mehreren hundert Thalern. Zwischen dem Besitzer des Grundstückes und den Lindenbergschen Erben ist nun ein Prozeß wegen Eigentumsrechtes des gefundenen Schatzes, der beim Amtsvorsteher deponiert ist, entstanden.

Welche Entscheidung ist zu treffen?

11. Die Näherin Yssel, die bei dem Rentner Kaul zur Miete gewohnt hatte, nahm bei ihrem Auszuge aus dem Hause heimlich einen alten Koffer mit, der dem Kaul gehörte. Nach einiger Zeit starb Kaul und wurde von einer entfernten Verwandten, der Witwe Magel, beerbt. Als viele Jahre darauf der fragliche Koffer von der Yssel zerschlagen wurde, fand sie im Deckel verborgen 450 Stück holländische Dukaten alten Gepräges, über die sie nun mit der Witwe Magel in Streit geriet.

Wie ist derselbe mit Fug zu schlichten?

12. Ein äußerst seltenes und wertvolles Tier, ein Goldschwein, hatte vor kurzem ein Bauer in einem Dorfe bei Dessau erworben. Als der Käufer das wohlgenährte Vieh eben nach Hause gebracht hatte und sich gerade damit beschäftigte, ihm Futter in den Trog zu schütten, sah er mit einemmale vor sich auf dem Boden und dicht hinter dem Schweine ein Zwanzigmarkstück glänzen. Der Bauer wollte seinen Augen nicht trauen. Er hob das Goldstück auf, untersuchte es genau, und siehe! es war wirklich echt. Am nächsten Morgen begab sich der glückliche Besitzer des Schweines schon in aller Frühe zu ihm und diesmal fand er auf der nämlichen Stelle wie der gestrigen zwei weitere Goldstücke, alle mit der gleichen Jahreszahl 1872 versehen. Jetzt war der Mann außer sich vor Freude und Aufregung. Keine Minute wich er mehr von dem Wundertiere, welches ihn mit noch drei weiteren Goldstücken beschenkte; er erzählte das Wunder seinen Nachbarn, und bald hatte sich im ganzen Dorfe die Kunde hiervon verbreitet. Da aber nahm die Sache plötzlich eine weniger frohe Wendung. Der Verkäufer des Schweines stellte sich nämlich ein und reklamierte die gefundenen Goldstücke als sein Eigentum, indem er behauptete, daß die letzteren sowie noch vier andere Goldstücke, welche sich nebst einem Portemonnaie in dem — Magen des Tieres befinden müßten, den Preis einer von ihm verkauften Kuh darstellten.

Was war in diesem Falle Rechtens?

13. An der Saale hatten oberhalb der Rudelsburg in den letzten Jahren beim Gute Hohenau bedeutende Anschwemmungen stattgefunden. Dieses Gut wurde im Sommer 1895 verkauft und dem Käufer zu Eigentum übertragen.

Um jene Anschwemmung streiten sich nun: der Verkäufer als Erwerber jener Anschwemmung; der Käufer auf Grund des Eigentumes am Gute; ein Schiffsmann, der von der Anschwemmung Besitz ergriffen und dortselbst für sein Gewerbe Vorrichtungen getroffen hat; der weimarische Fiskus wegen der ihm über den Fluß zukommenden Hoheit.

Wer ist im Rechte?

§ 20 J. de R. D. (2, 1); l. 7 § 1 D. de A. R. D. (41, 1); l. 16 eod.; — l. 7 pr. D. de periculo et commodo rei venditae (18, 6).

14. Ist in nachstehenden Thatbeständen eine Änderung in den Eigentumsverhältnissen durch die fragliche bearbeitende Thätigkeit (§ 34 J. de R. D. 2, 1) eingetreten?

a) Nach einer verbreiteten Erzählung soll Raphael zu dem Entwurfe seiner Madonna della Sedia durch eine auf einem Spaziergange beobachtete Gruppe eines ländlichen Familienlebens begeistert worden sein; er habe das Geschaute alsbald festhalten wollen und in Ermangelung anderen Materiales das allbekannte Bild auf dem Deckel eines dem betreffenden Winzer gehörigen Fasses ohne weiteres in

Angriff genommen und auf diesem das Gemälde dann ausgeführt.

b) Man setze den Fall, daß ein beliebiger Dritter auf einem solchen Faßdeckel eines andern eine grobe Karrikatur hingezeichnet habe.

c) Von einer Fabrik werden die zur Versendung gelangenden Fässer mit einer näher ausgeführten Marke der Firma mittels Schablonen gezeichnet. Aus Irrtum kommt das Bild dieser Fabrikmarke auf einige, dritten Personen gehörige Fässer.

d) Apelles suchte auf einer Reise die Bekanntschaft des Malers Protogenes auf Rhodus zu machen, traf diesen aber nicht zu Hause an. Auf die Frage der Sklavin nach seinem Namen ergriff Apelles einen Pinsel und zog mit diesem auf eine zum Bemalen bereit stehende Tafel eine Linie von äußerster Feinheit, als Angabe davon, wer dagewesen. Der heimkehrende Protogenes erkannte sofort die Meisterhand des Apelles; und zog mit einer anderen Farbe über jene Linie eine zweite noch feinere, also daß die Farbe der ersten über der seinigen zu beiden Seiten heraustrat. Da nun Apelles zum andernmal ihn vergeblich aufsuchte und die zweite Linie gewahrte, so zog er mit einer dritten Farbe einen weiteren Strich über die anderen, in einer Feinheit, daß diese dritte Linie nun nicht mehr zu spalten war.

(Die große Tafel, die nichts anderes, als jene Linien enthielt, wurde im Altertume noch lange als Probe äußersten Geschickes in der Malkunst gezeigt; bis sie bei einem Brande vernichtet worden sein muß. — Plinius, Hist. nat. XXXV, 81—83.)

e) Ein Schüler bringt an seinem Platze auf dem Schultische groteske Figuren durch Einschneiden und Aufmalen an.

f) Von dem berühmten niederländischen Porträtmaler Hals wird erzählt, daß er, um über seine schlechten Vermögensverhältnisse den Vermieter, bei dem er wohnte, zu täuschen, die getünchten Wände des Schlafzimmers mit Bildern kostbarer Gewänder so naturgetreu bedeckt habe, daß jener lange Zeit den Maler im Besitze einer wertvollen Garderobe glaubte. Als die Sinnestäuschung an den Tag kam und HALS ausziehen mußte, so nahm er einen Tisch des Vermieters mit sich, da er das Möbelstück inzwischen mit fein ausgeführten Skizzen bemalt hatte.

XIV

1. X. übergiebt dem Y. ein Gemälde:

a) da Y. es als Geschenk erhalten soll;

b) um es dem X. während einer Reise desselben aufzuheben;

c) nachdem Y. sich als Bote des Käufers dieses Bildes legitimiert hat;

d) auf daß Y. eine Kopie davon anfertige;

e) weil Y. andere Bilder dagegen zu liefern versprochen hat;

f) damit Y. dasselbe gegen entsprechende Bezahlung einrahme;

g) indem X. der Direktor und Y. ein Diener des städtischen Museums ist, und letzterer im Auftrage jenes das Gemälde verpacken und dem Spediteur zum Transporte für die in einer anderen Stadt veranstaltete Gemäldeausstellung übergeben soll;

h) mit der Beredung, daß Y. es zu verkaufen suche und entweder dem X. eine von ihnen festgesetzte Taxsumme zu überliefern oder das Gemälde überhaupt zurückzugeben habe.

Fragen:

a) Welche Rechtsverhältnisse liegen vor?

b) Wie steht es in jedem einzelnen Falle mit dem Besitze des Gemäldes?

c) Wie mit dem Eigentume?

2. A. besucht seinen Freund B. Da es trübes Wetter ist, so leiht B. dem A. einen Überzieher und einen Regenschirm. A. läßt den Schirm an einem Postschalter, wo er Briefmarken gekauft, aus Vergeßlichkeit stehen. C. findet ihn und liefert ihn auf dem Polizeibureau (D.) ab. Dortselbst wird der Schirm von E. gestohlen und dem Gastwirte F. für eine kleine Zechschuld in Versatz gegeben. F. verkauft ihn, nach fruchtloser

Mahnung des E. auf Zahlung, an den G., bei dem der Schirm drei Jahre lang verbleibt.

Währenddessen hat A. jenen Überzieher durch den Dienstmann H. an B. zurückgeschickt. H. aber schenkt ihn aus Mitleid einem armen frierenden Menschen J. Da dieser nach einigen Tagen stirbt, nimmt sein alleiniger Bruder K. als Erbe mit ein paar Habseligkeiten auch den Überzieher an sich und verkauft ihn an L.

Was ist bei jedem Neueintreten einer der hier angenommenen Personen über Besitz und Eigentum an den fraglichen Gegenständen zu bemerken?

3. Von einem berüchtigten Pferdediebe erzählt HENNEBERG in seiner „preußischen Chronicke“: daß jener, da er einem Pfarrer sein Pferd stehlen wollte, sich als lahmer Bettler verkleidet und an der Straße, die der Pfarrer auf seiner Reise passieren mußte, im Graben niedergesetzt hatte; zwei Krücken, die er bei sich geführt, hatte er zuvor auf den Baum geworfen, unter dem er saß. „Da nun der Prediger ankam, so rief der listige Vogel: Ach lieber Herr! ich kann nicht fortkommen, denn zween böse Buben, so hier waren, haben aus Mutwillen mir meine beyden Krücken genommen und auf diesen Baum geworffen. Nun muß ich allhier verderben, denn ohne Krücken kan ich nicht gehen. Diese Klage machte den guten Prediger so treuhertzig, daß er von seinem Pferde stieg, dem vermeynten lahmen Manne den Zügel davon in die Hand gab, daß er es halten solte; er legete seinen Reit-Rock darauf und stieg auf den Baum, die Krücken herunter zu schmeissen. Da nun derselbe hinan gestiegen war, schwung sich der Dieb eiligst auf das Pferd, ritte schnell davon, und muste der Prediger betrübt zu Fusse gehen.“

Welches Vergehens hatte sich jener Gauner nach unserem Rechte schuldig gemacht?

Diebstahl — St.G.B. § 242: „Wer eine fremde bewegliche Sache einem andern in der Absicht wegnimmt, dieselbe sich rechtswidrig zuzueignen . . .“

Unterschlagung — St.G.B. § 246: „Wer eine fremde bewegliche Sache, die er in Besitz oder Gewahrsam hat, sich rechtswidrig zueignet . . .“

4. Nach welchem Strafgesetze (s. die Citate in der vorigen Aufgabe) sind nachstehende Personen zu bestrafen?

a) Aus einem Handschuhladen hat die dort angestellte Verkäuferin Handschuhe beiseite geschafft und für sich verwendet.

b) Ein Bankier hat bei ihm deponierte Wertpapiere, die einzeln im besonderen Eigentume des Kunden verbleiben sollten, versilbert und den Erlös veruntreut.

c) Ein Privatmann in Halle a. S. erhält um die Weihnachtszeit von der Post Nachricht, daß für ihn ein Paket aus Paris angekommen sei, das er von der Zollbehörde, der es vorschriftsmäßig übergeben worden, gegen Erlegung der Zollgebühren sich abholen möge. Als er dort sich einfindet, wird ihm eröffnet, daß ein Zollbeamter mit anderen Wertstücken auch jenes angeführte entwendet und weggebracht habe.

d) Ein Ehemann hat das ihm von seiner Frau anvertraute Sondervermögen der letzteren gegen deren ausdrückliche Anordnung veräußert und es zur Bezahlung seiner persönlichen Schulden verwendet.

e) Gegen einen Förster wird Anklage erhoben, weil er aus dem ihm unterstellten Waldrevier unbefugterweise Holz geschlagen und in seinem Interesse verkauft habe.

5. Bei einem Picknick im Walde fing einer der Teilnehmer in seinem Übermute eine herumlaufende Henne, welche aus einem nahen Gehöfte entwichen war. Die Beute wurde geschlachtet, gebraten und frohgemut verzehrt.

War dieses wirklich eine ganz harmlose Sache; oder haben sich die Beteiligten nicht einer strafbaren Handlung schuldig gemacht?

6. Wie stand es mit Besitz und Eigentum an dem Ring des Polykrates: da der Tyrann das Kleinod den Erinnyen weihte und in das Meer warf; — dasselbe von einem Fische verschlungen wurde; — diesen ein Fischer fing; — der dem Fürsten den Fang zum Geschenk darbrachte; — worauf der Fisch der Küche übergeben wurde; — allwo der Koch (entweder ein Sklave oder ein freier Diener) in des Fisches Magen den Ring entdeckte; — und diesen seinem Herrn eiligst ablieferte?

XV

Bruns, Font. iur. n. 116.

1. Welche juristischen Begriffe finden bei nachstehenden Berechtigungen Anwendung?

a) N. nimmt von seinem Nachbarn O. das „Hammerschlagsrecht" in Anspruch, vermöge dessen er die Befugnis habe, zum Zwecke erforderlich werdender Reparaturen seiner an der Grenze errichteten Baulichkeiten das Grundstück des O. nach Bedarf zu betreten und von dort die erforderlichen Vorrichtungen vorzunehmen.

b) Bei einem Hausbau erlaubt der Nachbar, daß der Bauende Backsteine und Sand auf dem Hofe des ersteren niederlege, und die Maurer, soweit durch den Bau erfordert werde, jenen Hof betreten.

c) Den 20 Bauernhöfen eines Dorfes steht das Recht zu, aus der benachbarten standesherrlichen Waldung Brenn- und Bauholz in bestimmter Quantität zu beziehen. In einem strengen Winter erteilt die Fürstliche Kammer jenen Bezugsberechtigten die Erlaubnis, über jenes Quantum hinaus Holz von der Försterei sich anweisen zu lassen und abzufahren.

d) Ein Gutsbesitzer kommt mit einem Mühlenbesitzer in Streit, weil dieser „das Recht des Schaufelschlages" dahin in Anspruch nimmt, daß er den in seinem Mühlgraben von Zeit zu Zeit sich anhäufenden Sand und Schlamm auf des Gutsbesitzers, dem Mühlgraben entlang liegendes, Wiesengrundstück auswerfen dürfe.

e) A. bewilligt dem Besitzer des benachbarten Hofes B. die freie Durchfahrt durch seinen, des A., Hof käuflich dergestalt, daß „der Käufer samt seinen Erben und Erbnehmern" diese Befugnis frei und ungehindert zu genießen haben solle; — zugleich erlaubt er dem C., während der diesjährigen Heuernte mit seinem Wagen über das Grundstück des A. zu fahren; — und räumt dem D., einem in der Nähe wohnenden Müller, das Recht, über des A. Hof zu gehen, in der Weise ein, daß nicht bloß der Müller und seine Familie, sondern auch die Mahlgäste des D. den Fußpfad benützen dürfen.

f) Eine Gemeinde verpachtet die auf ihrer Flur ihr zustehende Jagd an Private. Darauf meldet sich der Besitzer des benachbarten Gutes und nimmt für dieses das Jagdrecht in der Gemeindewaldung in Anspruch.

2. Der Maurermeister Klaus trägt einem Rechtsanwalte folgendes vor:

Vor einigen Monaten kaufte ich von dem Kaufmanne Mehner einen Garten vor dem Steinthore, neben dem Grundstücke des Gärtners Irmig. Die beiden letztgenannten haben vor längeren Jahren für gemeinsame Kosten auf dem Grund und Boden des Irmig einen Brunnen gebaut, der nach vertragsmäßiger Bestimmung zum alleinigen und ausschließlichen Gebrauche für Mehner, namentlich zwecks Gartenbewässerung, bestimmt sein sollte; Mehner verzichtete dagegen auf eine ihm gegen Irmig zukommende Forderung.

Jetzt will Irmig nicht dulden, daß ich diesen Brunnen ebenso wie mein Vorgänger benutze, obgleich für den nach dem Brunnenbau erst angelegten Garten sonst woher aus der Nähe Wasser nicht beschafft werden kann.

Kann ich den Irmig wohl mit Erfolg verklagen?

3. Es bestellt jemand seinem Gutsnachbarn ein Triftrecht; dann will er aber selbst sein Vieh noch auf den betreffenden Wiesen weiden lassen.

Darf er das?

4. Der Architekt W. ist Eigentümer zweier nahe bei einander gebauter Häuser in Hamburg, von denen er das eine an den Agenten V. und gleichzeitig das andere an den Prokuristen U. verkauft. Das letztere Grundstück reicht bis zur Hausmauer des V. heran. Nun will U. nicht dulden, daß die nach dortigem Brauche auswärts zu öffnenden Fenster fernerhin in seine Luftsäule aufgestellt werden, sowie daß das Traufwasser vom Dache des V. so, wie seither, auf des U. Grundstück herabfalle; indessen sich V. darauf beruft, daß in ihren beiden mit W. abgeschlossenen Kaufverträgen sich die Klausel finde, daß er das betreffende Haus „im augenscheinlichen Zustande“ veräußere.

Welche juristischen Erwägungen sind hier nun maßgeblich? Und welcher der beiden Streitteile befindet sich also im Rechte?

5. Die Grundstücke des Blume und des Ließ stoßen aneinander; auf der Grenze liegt ein Brunnen in der Weise, daß die Grenzlinie in ihrer Verlängerung den größeren Teil des die Wassersäule einschließenden Mauerwerks dem Grundstücke des Blume, den kleineren Teil aber dem Besitztume des Ließ zuweist. Beide Nachbarn haben das für ihre Grundstücke nötige Wasser stets aus dem Brunnen geschöpft.

Fragen:

a) Wie ist dieser Sachverhalt juristisch zu bestimmen?

b) Welche Rechtsfolgen würden eintreten, wenn Blume sein Grundstück an einen dritten veräußerte?

c) Würde es von rechtlichem Einflusse sein, wenn er dasselbe an zwei verschiedene Personen verkaufte?

d) Oder: falls er sich selbst einen, nicht an den Brunnen anstoßenden, Teil des Grundstückes zurückbehielte, zugleich mit dem Rechte, aus dem Brunnen weiter wie seither Wasser zu beziehen?

---

6. V. verkauft seinen schönen Park an K. und bedingt sich dabei aus:

a) Die Benutzung eines Fahrweges durch den Park nach seinem dahinter gelegenen Gute, das sonst von der Landstraße nur auf großem Umwege zu erreichen ist.

b) Die Befugnis, Rosen und andere Blumen zu Bouquets u. s. w. gelegentlich pflücken zu dürfen.

c) V. behält das Eigentum an der im künftigen Herbst zu erwartenden Obsternte.

d) Auf einem näher bestimmten Raume soll V. Bäume pflanzen und das von denselben zu gewinnende Holz zum Bedarf seiner angrenzenden Liegenschaften beziehen dürfen.

e) An der Seite nach dem Hofe des V. zu dürfen keine Gebäude mit Fenstern nach jenem aufgeführt werden.

f) Dem V. wird das Recht eingeräumt, an bestimmter Stelle des Parks eine Laube zu seinem Gebrauche anzulegen.

g) An dem oberen Stockwerke des Aussicht bietenden Gartenpavillons soll dem V. das Eigentumsrecht verbleiben.

Es fragt sich:

a) Was liegt in den verschiedenen Fällen rechtlich vor?

b) Wie würde X., an den K. später den Park verkauft, jeweilig zu der Sache stehen?

c) Wie der Y., an welchen V. sein Gut nachmalig abtritt?

d) Wie deren Erben?

7. Die Gemeinde A. will den ihr gehörigen Feldweg *a—b* einziehen und gewährt deshalb dem damit einverstandenen B. ein Fahrtrecht über das ihr gehörige Grundstück von *c—d*.

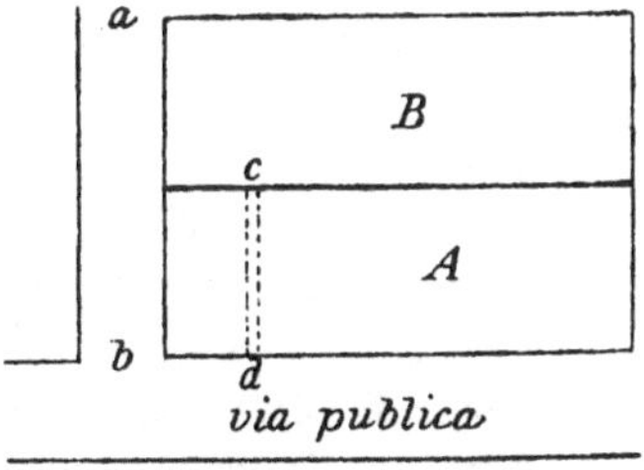

A. verkauft später ihr Grundstück an C. Der B. stirbt und wird von D. beerbt, der den fraglichen Acker mit einer Hypothek belastet, bei deren zwangsweiser Durchführung derselbe versteigert und von E. erstanden wird.

Rechtsfolgen betreffs des Fahrtrechtes?

8. Wie würde in Nr. 7 die rechtliche Lage sich gestalten, wenn

a) das hintere Grundstück in der Zwangsversteigerung von C. gekauft würde?

b) oder: E. nach dem Erwerbe des hinteren Grundstückes das vordere von C. pachtete?

c) oder umgekehrt: C. durch Pachtvertrag mit E. die Bewirtschaftung und Nutzung von dessen Grundstück erhielte?

9. Der Landwirt Vierhof hat seit etwa 12 Jahren einen über des Nachbars Boltz führenden Pfad als Reitweg benutzt und dies in dem Glauben, daß dieses dem Rechte entspreche, offen stets ausgeübt; da sie jetzt in Streit hierüber kommen, so meint er, daß ihm nach l. 10 pr. D. si servitus vindicetur (8, 5) das Recht nun zweifellos begründet sei.

Boltz dagegen macht geltend, daß eine solche Servitut überhaupt nicht möglich sei, da sich ein Reitrecht unter den vier ländlichen Grunddienstbarkeiten des römischen Rechtes nicht finde; und das mit Fug, weil eine derartige Befugnis nur eine persönliche Annehmlichkeit verleihen würde.

Wie ist begründet zu entscheiden?

10. Einem Juristen wird nachstehende Frage vorgelegt:

„Mein in einem Garten neu erbautes Haus steht durch einen von mir angekauften Weg mit einer gepflasterten Straße in Verbindung. Den Adjazenten habe ich für sich und ihre Hausbewohner und Rechtsnachfolger das Recht gegeben, jenen Weg zu begehen und zu befahren.

Es hat nun der eine Anlieger sein Grundstück, welches nur durch meinen Weg erreichbar ist, geteilt verkauft; und es will der eine Käufer auf seinem Teile eine Fabrik, der zweite dagegen eine Privatschule anlegen.

Die Frage ist: Kann ich auf Grund davon, daß die Fabrikarbeiter oder Schüler nicht Hausbewohner sind, ihnen die Benutzung meines Weges verbieten und dadurch die Erbauung der Fabrik oder der Schule verhindern?"

11. Dem Gute des A. steht das Recht zu, auf dem Grund und Boden des B. Ziegelerde zu graben. Sie kommen in Zwist, weil A. in der letzten Zeit die Ausgrabungen erheblich vergrößert hat und fabrikmäßig Anfertigung von Ziegelsteinen zum Verkaufe betreiben will.

B. behauptet, daß diese Art der Ausnutzung aus der Servitut des A. nicht folge; während dieser anführt, daß über den Umfang der Ausübung seines Rechtes nichts ausdrücklich festgesetzt worden sei.

Quid iuris?

XVI

Bruns, Font. iur. n. 117 sq.

1. Die Kirche zu Ravenna bewilligte dem Präfekten Theodor Calliopa, der von 648—666 Exarch von Italien war, eine Emphyteusis an verschiedenen Grundstücken. Darüber wurden zwei Urkunden, eine von der Bestellerin, die zweite von dem Empfänger, ausgestellt, in welchen die Rechte und Pflichten beider Teile, soweit man aus den erhaltenen Resten der Instrumente schließen kann, genau ausgeführt waren.

(Cf. Spangenberg, Iuris Romani tabulae negotiorum sollemnium.)

Was für Festsetzungen mußten hiernach in jenen Urkunden enthalten sein?

2. Von einem in Emphyteusis hingegebenen Acker wird ein großes Stück von dem vorbeifließenden Strome abgerissen.

Wer trägt den Schaden?

Wie stände es, wenn das ganze fragliche Grundstück unterwühlt und fortgeschwemmt worden wäre?

3. Der A. hat das Eigentumsrecht an den Grundstücken *m* und *n*; an *n* ist von dem Großvater des A. dem B. eine Emphyteusis bestellt worden. Jetzt behauptet A. über *n* eine Fahrtgerechtigkeit zu gunsten von *m* durch Ersitzung erworben zu haben; — l. 10 pr. D. si serv. vind. (8, 5); l. 25 D. quemadmod. serv. am. (8, 6).

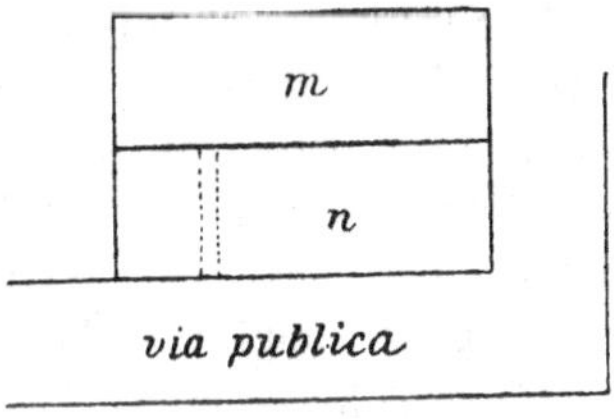

Der Erbe des B. bestreitet die rechtliche Zulässigkeit dieses Servituterwerbes wegen l. 26 D. de S. P. U. (8, 2).

Wer ist im Rechte?

4. Wie sind folgende Thatbestände juristisch zu bestimmen?

a) Zwei Brüder, die einen Oheim gemeinsam beerbt haben, verabreden, daß sie das ihnen zugefallene Haus zusammen bewohnen wollen — der ältere das Erdgeschoß, der jüngere das erste Stockwerk.

b) Ein alter Bauer übergiebt seinem Sohne den Hof und behält sich lebenslänglich ein Einsitzrecht im Hause mit Stube, Kammer und Küche im Obergeschoß vor.

c) Im Erdgeschosse eines Kaufmannshauses befindet sich, dessen halbe Breite einnehmend, ein Gewölbe, welches in Geschäftslokalitäten des anstoßenden Hauses ausmündet und von dessen Eigentümern seit Menschengedenken besessen und benutzt wird.

d) Von einem Fuhrmanne wird die Benutzung eines benachbarten Pferdestalles gegen jährliches Entgelt ausbedungen; dabei verabredet, daß jeder Teil immer zum ersten eines Monates vier Wochen vorher soll kündigen dürfen.

e) Nach einem anderen Vertrage war die Verpachtung eines Gartens zum Betriebe der Handelsgärtnerei des Pachters auf 25 Jahre geschehen; und hatte der Verpachter seinem Mitkontrahenten verstattet, in dem Pachtgrundstücke auf seine, des Pachters, Kosten ein Gewächshaus, einen Treibkasten und ein Warmhaus zu erbauen.

5. Das Hotel „Zur Tulpe" in Halle a. S. stößt mit seinen Baulichkeiten an die Nordseite des zum dortigen Universitätsgebäude gehörigen Terrains. Mittels Vertrag vom 18. August 1871 gestattete die Universität dem Eigentümer der „Tulpe", den an die letztere angrenzenden Landstreifen in einer Breite von 15 Fuß mit einer geschlossenen Glashalle zu überbauen; der Universität wurde vorbehalten, das dem Nachbarn eingeräumte Bebauungsrecht jederzeit zu widerrufen und auf Beseitigung der fraglichen Anlage zu dringen.

Der Tulpenwirt machte sich verbindlich: a) In der zu erbauenden Glashalle keinerlei lärmende Vergnügungen zu veranstalten; auch von derselben keinen Ausgang nach dem Universitätsterrain anzulegen. b) Auf die Dauer des Verhältnisses der Universität einen Freitisch für einen bedürftigen Studierenden zur Disposition zu stellen und in der Weise und in dem Umfange zu gewähren, wie Universitäts-Freitische in den dazu bestellten Restaurants in Halle a. S. gewährt zu werden pflegen.

Fragen:

a) Wie ist das durch den mitgeteilten Vertrag zwischen den Kontrahenten begründete Rechtsverhältnis zu charakterisieren?

b) Wie steht es mit Eigentum und sonstigen dinglichen Rechten an der gemäß des Vertrages nun erbauten Glashalle?

c) Wie wäre nach römischem Rechte zu befinden, wenn ein Dritter die Glashalle beschädigen sollte?

d) Welches ist im besonderen die Rechtslage in Ansehung des Freitisches?

XVII

1. Von welchen Rechtseinrichtungen im Sinne des römischen Rechtes ist nachstehend Gebrauch gemacht?

a) Eine Witwe borgt Geld und giebt als Sicherheit dem Gläubiger einen Schmuck.

b) Der Maurermeister Hübschmann übernimmt es, dem Direktor Alban auf einem diesem gehörigen Grundstücke eine Villa zu erbauen und nach genauem Voranschlage von 33 000 *M* an einem bestimmten Tage abzuliefern. Alban verspricht, ihm alsdann zur Sicherheit für das genannte, zu 4% verzinsliche Kapital ein Pfandrecht auf dem Hause zu bestellen.

c) A. erhält von S. ein Pfandrecht an verschiedenen Waren, die mit anderen im Magazine des B. lagern. Dann verpfändet S. dem B. den gesamten Warenbestand in jenem Magazin; und B. erhält die Schlüssel dazu.

d) Von einem Bauern wird einem Geldverleiher als Sicherheit für aufgelaufene Schulden eine Kuh zu Eigentum übergeben, mit der Beredung, daß sie dem Bauern gegen Entgelt vermietet sein solle und bei Zahlung der Schuld an den Schuldner zurückzufallen habe.

e) Ein Student versetzt für ein Darlehn seine Legitimationskarte oder sein Anmeldebuch.

f) Bei einer Weinsendung von 50 Litern bringt der Verkäufer das Faß mit 4 *M* in Anrechnung; bei pünktlicher Rücksendung desselben in gutem Zustande und geschwefelt vergütet er die 4 *M* zurück.

g) Von fünf Geschwistern, welche das geerbte väterliche Haus gemeinsam bewohnen, verpfändet der eine seinen Anteil.

2. Der Pfandschuldner S. verkauft die Sache, an der er dem G. eine Hypothek bestellt hatte, dem K., dieser ebenso nach einiger Zeit dem N. Bei Fälligkeit der Schuld sind S. und N. nicht bei Kasse.

Wie kann G. zu seinem Rechte kommen?

3. Wenn ein Hypothekengläubiger die Pfandsache zwangsweise zum Verkaufe bringen will, muß er

a) die über die Sache abgeschlossenen Miet- und Pachtverträge,

b) eine daran bestehende Servitut,

c) ein anderes an ihr begründetes Pfandrecht

respektieren und hinter diesen zurücktreten?

4. Als der Jurist Roffredus Beneventanus im Jahre 1215 einen „arbor actionum" herausgab, warf er in dem Abschnitte: De forma libelli in actione hypothecaria — die Frage auf, an contra possessorem alternative ut vel debitum solvat vel pignus tradat recte instituatur?

Die Frage ist in Litteratur und Praxis niemals ganz einhellig entschieden worden.

Welches ist im Sinne des römischen Rechtes die begründete Auskunft?

5. Die Athener besaßen eine offizielle Handschrift der bei ihnen aufzuführenden Tragödien. Diese staatliche Handschrift ließ sich ein Ptolemäer nach Egypten kommen, wobei er eine Garantiesumme hinterlegte. Er ließ eine Abschrift von jener fertigen, sandte diese Kopie nach Athen zurück, behielt das Original und verzichtete auf die Garantiesumme.

(Galenus, Comment. ad Hippocrat. XVII p. 607 (ed. Kühn).

Wie sind die hier fraglichen Rechtsverhältnisse juristisch zu konstruieren? Ist es dabei von Belang, ob der Ptolemäer eine Summe Geldes oder etwa einen wertvollen Sklaven zur Sicherheit hingegeben hätte?

XVIII

1. Ein lebenslänglicher Nießbraucher B. verpachtet ein Nießbrauchsgrundstück auf 12 Jahre an A. Nach anderthalb Jahren stirbt B. und wird von C. beerbt. Eigentümer ist E.

Fragen:

a) Wie steht es mit dem Pachtrechte des A.?

b) Kommt in unserem Falle etwas darauf an, ob B. dem A. mitgeteilt hatte, daß B. nur zeitweiliger Nießbraucher und nicht Eigentümer sei?

c) Wie würde sich die Entscheidung stellen, wenn B. nicht von C., sondern von E. beerbt worden wäre?

2. Wie würden die römischen Juristen folgende Leistungen technisch nennen? Von welchen Rechtsbegriffen ist außerdem Gebrauch gemacht?

a) Klage auf Herausgabe eines verpachteten Grundstückes nach Ablauf der Pachtzeit.

b) X. setzt den Y. zum Erben ein und legt ihm auf, der Stadt Z. ein dem Y. gehöriges Grundstück als Vermächtnis zu übertragen.

c) Forderung der Rückzahlung eines Darlehns.

d) Ein Bauunternehmer macht sich vertragsmäßig anheischig, ein Wohnhaus für 45000 ℳ in sog. Generalentreprise auf dem Grundstück des Bauherrn aufzuführen.

e) Pflicht des Diebes, die gestohlene Sache zurückzubringen; — oder: die entwendete und verjubelte Geldsumme zu ersetzen.

f) Anspruch des Pachters gegen den verpachtenden Eigentümer auf Herausgabe von Früchten, die der letztere gegen den Pachtvertrag selbst gezogen hat.

g) Ein Fleischer hat ohne gehörige Untersuchung trichinenhaltiges Fleisch verkauft, und es sind mehrere Käufer durch den Genuß des Fleisches erkrankt.

h) M. hat dem N. ein Buch geliehen, welches durch Unachtsamkeit des N. wegkommt.

i) Aus den Statuten der *Aachener und Münchener Feuerversicherungsgesellschaft:*

„Die Gesellschaft versichert gegen den Schaden, welcher an den versicherten Gegenständen durch Brand oder Blitzschlag oder durch Explosion von Leuchtgas, sowie das durch solche Ereignisse veranlaßte Löschen, Niederreißen oder notwendige Ausräumen verursacht ist, soweit derselbe in der Beschädigung, Vernichtung oder dem Abhandenkommen versicherter Gegenstände besteht. . .

Die Versicherung soll nicht zu einem Gewinne führen; ihr alleiniger Zweck ist der Ersatz des nach dem wahren Werte der versicherten Gegenstände zur Zeit des Brandes unter Ausschluß des entgangenen Gewinnes festzustellenden Schadens. . .“

k) H.G.B. Art. 355: „Wenn der Verkäufer mit der Übergabe der Ware im Verzuge ist, so hat der Käufer die Wahl, ob er die Erfüllung nebst Schadensersatz wegen verspäteter Erfüllung verlangen, oder ob er statt der Erfüllung Schadensersatz wegen Nichterfüllung fordern oder von dem Vertrage abgehen will, gleich als ob derselbe nicht geschlossen wäre.“

l) Verpflichtung eines Pferdehändlers, den verkauften Hengst dem Käufer richtig zuzuführen.

m) Ein Antiquitätenhändler schließt mit einem Privatmanne ein Übereinkommen, wonach jener einen silbernen Pokal des 17. Jahrhunderts gegen eine alte Bilderbibel seltenen Druckes liefern solle.

n) *Actio redhibitoria* des Käufers, weil das verkaufte und tradierte Pferd an Rotzkrankheit leide.

3. *Reichs-Abschied von Speyer von 1600* § 139:

„. . daß vor billich geachtet worden, wann der Schuldner *in mora restituendi pecuniam mutuam* ist, daß er seinem Gläubiger von denselben zeithero (der Vermuthung halben, daß der

Creditor sein Geld von solcher Zeit an, anlegen, und zugelassener Weise zum wenigsten vom Hundert fünff, wol haben möge) das *interesse* zu entrichten und gut zu machen schuldig seye; So ordnen und wollen wir, daß solch *interesse a tempore morae* erstattet, und derentwegen den *Creditorn* fünff Gulden vom Hundert bezahlt werden, oder aber, da dem *Creditori* solch fünff Gulden nicht annemlich, sondern er vermeynen wolte, *tam ex lucro cessante quam damno emergente* ein mehreres zu fordern, daß ihme alsdann sein gantz *Interesse* zu *deduci*rn, gebürlich zu *liquidi*rn und zu bescheinen, und der Richterlichen Erkenntnuß darüber zu gewarten unbenommen seyn soll."

Von welchen Rechtseinrichtungen und juristischen Begriffen ist in vorstehendem die Rede?

Wie verhält sich diese Gesetzesbestimmung zu den Sätzen des römischen Rechtes?

§§ 28—30 I. de actionibus (4, 6); — pr. I. quibus modis re contrahitur obligatio (3, 14).

L. 32 § 2 D. de usuris (22, 1); — l. 17 § 4 eod.; l. 34 eod.

L. 22 D. de donationibus (39, 5).

L. 3 C. de usuris (4, 32); — l. 11 (12) eod.; l. 23 eod.

4. In welcher Weise haften nachstehende Verpflichtete ihren Gläubigern?

a) Zwei Brüder, die zusammenwohnen, kaufen gemeinsam eine englische Dogge und bleiben das Kaufgeld schuldig; — da sie auf das bissige Tier nicht ordentlich acht haben, fällt dieses den Briefträger an und verletzt ihn erheblich.

b) Während eines Erbteilungsverfahrens unter vier Miterben kommt ein wichtiges Aktenstück abhanden, das zum Nachlasse gehört. Es stellt sich heraus, daß ein entfernter Verwandter es entwendet hat und bei sich aufbewahrt.

c) Der sub b) erwähnte Verwandte hatte von dem Erblasser seiner Zeit ein jetzt noch ungetilgtes Darlehn von 2000 *M* erhalten.

d) Drei Freunde trinken des Abends in einem Restaurant zusammen drei Flaschen Wein, zuerst von einer leichten, dann von schwerer Sorte.

e) Wir Endesunterzeichnete bekennen, daß der Kaufmann Albert Pücken uns gemeinschaftlich die Summe von

1500 ℳ auf sechsmonatliche Kündigung bar dargeliehen hat und versprechen, dieselbe mit $4^1/_2{}^0/_0$ jährlich zu verzinsen.

Karl Zeltinger. Joseph Mager.

f) Aus einem Testamente: . . dem A. oder B. vermache ich 500 ℳ.

g) Meine zwei Söhne, die mich beerben werden, sollen dem L. 1000 ℳ als Vermächtnis geben.

5. Wenige Tage nach dem Tode des M. erscheint bei den zwei Erben N. und O. der Handelsmann P., um den Rest einer Kaufschuld zu zahlen, die aus einem mit M. geschlossenen Handel noch rückständig sei. N. und O. quittieren zusammen hierüber. Später zeigt sich, daß P. im Irrtume gewesen und jene Schuld früher schon getilgt worden war.

Wie steht es nun mit dem Rückerstattungsanspruche des P.?

6. Zwei Erben haben gemeinschaftlich eine Erbschaftssache verkauft. Nun behauptet der eine, unter Widerspruch seines Miterben, daß ihm zufolge besonderer Disposition des Erblassers zwei Drittel von dem hinterlassenen Vermögen und sonach auch von jenem noch ausstehenden Kaufschilling zukämen.

Wie hat der Käufer, dem es um Tilgung und Quittierung der Schuld zu thun ist, nun rechtlich vorzugehen? Und in welcher Art ist überhaupt die ganze Angelegenheit juristisch in das Reine zu bringen und zu erledigen?

7. Nach beendetem Geldskatspiel im Gasthof zur „Sonne“ in Artern weigerte sich der Rechtsanwalt Michaelis, an den Wirt Saller den üblichen Skatgroschen zu entrichten. Während der Wirt behauptete, ein Recht zur Erhebung dieser Gebühr von jedem der Spieler zu haben, kehrte der Rechtsanwalt den juristischen Standpunkt heraus und suchte auch den Mitspielern darzulegen, daß ein rechtlicher Anspruch seitens des Wirtes für Überlassung der Karte nicht bestehe, es vielmehr jedem Spieler, der die Karte nicht mitbestellt habe, überlassen sei, ein Entgelt zu zahlen oder nicht; der Wirt möge sich wegen des Kartengeldes an denjenigen halten, der die Karte verlangt habe.

Ist diese Auffassung begründet?

Wenn der eine Spieler ohne vorherige weitere Erörterung das gesamte Kartengeld an den Wirt bezahlt hätte, würde er sich dann an seine Spielgenossen halten können; und welche *actio* käme in Betracht?

XIX

Bruns, Font. iur. n. 127; 130.

1. Reichs-Gesetz über die Beurkundung des Personenstandes und die Eheschließung, vom 6. Februar 1875, § 52:

„Die Eheschließung erfolgt in Gegenwart von zwei Zeugen durch die an die Verlobten einzeln und nacheinander gerichtete Frage des Standesbeamten:

ob sie erklären, daß sie die Ehe miteinander eingehen wollen,

durch die bejahende Antwort der Verlobten und den hierauf erfolgenden Ausspruch des Standesbeamten, daß er sie nunmehr kraft des Gesetzes für rechtmäßig verbundene Eheleute erkläre."

Diese Vorschrift ist die einzige, die aus dem neuzeitlichen Rechte hinsichtlich der gesetzlichen Form von Privatwillenserklärungen den römischen Verbalkontrakten sich zur Seite stellen läßt. Es bestehen aber schon in der angegebenen Rücksicht bedeutsame Unterschiede zwischen beiden.

Welches sind diese Verschiedenheiten?

2. Würde nach römischem Rechte der Abschluß einer stipulatio durch das Telephon zulässig und rechtsgültig gewesen sein?

Wäre hier vielleicht zwischen dem klassischen und dem justinianischen Rechte zu unterscheiden?

3. Sind folgende stipulationes nach römischem Rechte gültig?

a) Dabisne mihi equum? — Dabo bovem.

b) Dabisne mihi viginti? — Dabo decem.

c) Dabisne mihi decem? — Dabo viginti.

d) Stipulatio mit einem Tauben, der die Worte des Fragenden von dessen Lippen abgelesen hat.

4. Ayn fürtrefflich *Exercitien*- vnnd Hülffsbüchlin vor Rechtsbeflißene vnnd anfahende *Juris-Peritos*, p. III § II nr. IIII.

„Walter Hagmann, *scholae magister,* aus Lorbach an den gelahrten *Procuratorem* Henrich Finzmar zu Riesen. Da der Artzt Fridrich Neidel hierselbst mit Tod abgangen, hat desselbigen *Neveu* vnnd *Universal*-Erbe Herman Spelt in Hessfeld mir Alle Hinterlassenschaft vor 1950 Thlr. verkaufft. Ich jedoch, vmb sicher zu gehn, legete ime die Frag vor, so Ihr mir damals im Rathe mitgegeben: *quanta pecunia ad te ex hereditate illa pervenerit, dolove malo tuo factum est, eritve, quominus perveniat, tantam praestabis?* — Worauff er jedoch die Antwurt schuldig bliebe. Mir dann aber im Brieff schrieb am nechst folgenden Tage, daß er sothanes zu Versprechen Geforderte nun ernstlich *promitti*re; mir es auch ehegestern 8 Tag nach deme Kaufschluß in mündlicher Anredung wieder gesagt hat. Wornach ich nun aber verwirret war vnnd mich gantz schweigend verhalten; also daß es mir nunmehro *dubios* geworden, ob er mir itzt *ex stipulatu* nach denen Sätzen, so im Rechte des Julianus, Papinianus, Ulpianus oder auch denen Gesetzen des Kaysers Justinianus hafftbar vnnd verbindlich worden. Wollet mir, bitte ich, auf solch Frag vnnd Zweiffel, gewißlich vnnd balde *respondi*ren, was Rechtens seye?"

XX

Bruns, Font. iur. n. 133—143.

1. Sind in nachstehenden Fällen Ansprüche der Geschädigten rechtlich begründet? Worauf würden sie gehen, und wie müßten sie gerechtfertigt werden?

a) Ein Schlachter kauft von einem Bauern ein Schwein, von dem sich dann herausstellt, daß es an der Finnenkrankheit litt.

b) Ein Architekt hatte von einem ihm gehörigen Doppelhaus das eine an A., das zweite an B. verkauft. Im folgenden Winter zeigte sich an den Wänden des Erdgeschosses von A. periodisch Feuchtigkeit; während das Nachbarhaus sich von Wanzen infiziert erweist.

c) Eine verkaufte Kuh war mit einer ansteckenden Krankheit behaftet, durch welche auch der übrige Viehbestand des Käufers krank wurde und teilweise fiel.

d) Von dem Käufer eines Pferdes wurde Ersatz verlangt, weil das Tier schon zur Zeit des Kaufes gelahmt hätte, und dieses Lahmen durch das Zerreißen von äußerlich nicht sichtbaren Muskeln und Sehnen bewirkt gewesen sei.

e) Der Besteller einer Sendung Wein will diese dem Händler zur Verfügung stellen, weil der Wein den vorher gesandten Proben nicht entspreche.

f) Bei einem Drogisten hatte eine Frau schwarzen Kümmel geholt, war aber von dem daraus bereiteten Absud erkrankt, indem dem Kümmel giftiger Stechapfelsamen beigemischt gewesen. Es konnte bewiesen werden, daß der Verkäufer mit dieser Beimischung bekannt gewesen war.

g) Ein Käufer von Merinoschafen entdeckte, daß dieselben zum größten Teile an Klauenfäule litten, die zur Zeit des Kaufes schon vorhanden gewesen sein mußte. Er gab sie in tierärztliche Behandlung, und die Tiere wurden wieder gesund.

2. A. verpfändet eine Partie ihm gehöriger Schaffelle, die er bei B. deponiert hat, dem C. für eine rückständige Schuld. B. verkauft und tradiert die Felle dem D. und wird flüchtig. Von D., der den B. für den Eigentümer gehalten hatte, kommen sie durch weiteren Verkauf an den ebenfalls gutgläubigen E.

Fragen:

a) Wer ist Eigentümer und Besitzer der Felle?

b) Kann dieselben jemand von E. herausverlangen?

c) Welche Rechtsverhältnisse und *actiones* sind unter den genannten Personen begründet? Und wie wird sich danach die Sache entwickeln und schließlich ordnen?

3. V. verkauft eine Wiese, die ihm durch Erbgang zugefallen war, dem W. Dann stellt sich heraus, was dem V. selbst unbekannt gewesen war, daß U. an derselben den lebenslänglichen Nießbrauch hat, sowie daß dem X. ein Fahrtrecht über dieselbe zusteht.

Welche Rechtsfolgen knüpfen sich im einzelnen an diesen Thatbestand?

4. Z. trägt einem Rechtsanwalte folgendes vor:

„Vor etwa $^{3}/_{4}$ Jahren habe ich im Süden der Stadt eine Parzelle von Y. erworben, um dieselbe, wie es in dem Kaufvertrage hieß, als „Bauterrain“ zu verwerten. Vor kurzem ist aber der städtische Bebauungsplan jener Gegend geändert und dadurch das fragliche Grundstück von neu anzulegenden Straßen ganz entfernt und als Baugrund unbrauchbar geworden.

Ich erbitte ein juristisch begründetes Gutachten: ob mir gegen Y. ein Rechtsanspruch zusteht, und welche Gesetze des römischen Rechtes hierbei in Anwendung kommen?“

5. In Lübeck entstanden am Abend des 22. Juli 1893, am Tage der damaligen Reichstagsstichwahl, Straßenunruhen, bei welchen vielfach Gegenstände beschädigt und namentlich Fenster eingeworfen wurden.

Wer hätte in den Fällen, da solches an Mietwohnungen geschehen, den Schaden zu tragen?

6. Der Mühlenbesitzer Hesselmann erteilte dem Händler Entörfer Vollmacht, von dem Anwesen des ersteren einen Acker zu fixiertem Preise zu verkaufen; wobei für Entörfer zwar keine unmittelbare Bezahlung versprochen, wohl aber bei guter Ausführung des Geschäftes verschiedene Vorteile, namentlich Erlaß einiger rückständiger Schulden des Händlers an Hesselmann in Aussicht gestellt wurden.

Entörfer hatte verschiedene zweckentsprechende Aufwendungen durch Inserate und Reisen gemacht, als der Müller Gelegenheit fand, den Acker selbst vorteilhaft zu verkaufen; — dieses that und den Entörfer davon benachrichtigte, mit dem Bedeuten, daß er die Angelegenheit als erledigt ansehe.

Wie war die Rechtslage? Ist eine *actio* für oder wider begründet?

7. Wie sind folgende Thatbestände juristisch zu charakterisieren? Zu welcher Art von obligationes ex contractu würden sie nach der Einteilung der römischen Juristen gehören?

a) „Louages des abeilles“ — eine eigentümliche Art einer Tierleihe im C. C. de Fribourg. Der Empfänger der Bienen hat den Ertrag derselben mit dem Eigentümer zu teilen. Die präsumtive Dauer des Vertragsverhältnisses geht auf 10 Jahre. Die Ernährung der Bienen im Winter fällt den beiden Parteien gemeinsam zur Last. (Nach Huber, System und Geschichte des Schweizerischen Privatrechts.)

b) Ein Maurermeister war von einem Kaufmann vertragsmäßig angewiesen worden, ein bestimmtes Grundstück für ihn zu kaufen und auf demselben gegen festgesetzte Vergütung ein näher angegebenes Gebäude zu errichten.

c) Ein großes Jagdgebiet wird von Zeit zu Zeit von der Berliner Stadtverwaltung ausgeboten; aber nicht an den Meistbietenden, wie dies gewöhnlich der Fall, sondern an den Mindestfordernden soll es vergeben werden. Das Jagdrevier umfaßt die vierzehn städtischen Markthallen und die dazu gehörigen Vordergebäude nebst Kellern und Maschinenräumen. Als jagdbare Tiere gelten für den neuen Pächter Ratten, Mäuse, Schaben und dergleichen anmutiges ungenießbares Wild.

8. Ein ebenso reicher als geiziger Bürger von Beirut, der an beiden Augen den Staar hatte, entschloß sich zu einer Operation und unterhandelte mit einem Arzte, der sich bereit erklärte, ihn für 5000 Piaster wieder sehend zu machen. Ein Auge wurde auch mit ausgezeichnetem Erfolge operiert; aber als der Arzt sich anschickte, das andere Auge zu operieren, erklärte der Türke plötzlich, daß er mit einem Auge genug sehe. Er erbot sich daher, die Hälfte des oben genannten Preises zu zahlen, während der Arzt nach wie vor die ganze Summe forderte.

Fragen:

a) Unter welche rechtliche Kategorie würde ein klassischer römischer Jurist den vorstehenden Thatbestand gebracht haben?

b) Was für Formalitäten mußten danach bei dem Abschlusse der fraglichen Beredung gewahrt werden?

c) Wie hieß die daraus entspringende *actio*?

d) In welchem prozessualischen Verfahren war sie zu erledigen?

e) Welcher der streitenden Teile ist im Rechte, und aus welchen Gründen?

XXI

Bruns, Font. iur. n. 54; — 129.

1. A. leiht dem B. Geld, mit dem Bedinge, an Stelle jeder anderen Vergütung den zehnten Teil des mit jenem Kapital etwa erzielten Geschäftsgewinnes zu erhalten.

a) Was liegt rechtlich vor: Rechtsverhältnis, — *actio*?

b) Wer ist Eigentümer des Geldes? Und wer ist juristischer Besitzer?

c) Wie stände es, wenn der A. auch einen etwaigen Schaden, den B. bei dem beabsichtigten Geschäfte erleidet, zum zehnten Teile tragen soll?

d) Was ist die Folge, wenn das Geld dem B. auf dem Heimwege, gerade als er des A. Haus verlassen hatte, durch einen Unbekannten gewaltsam entrissen worden und seitdem verschwunden wäre?

2. *Code civil, art. 1892:*

„Le prêt de consommation est un contrat par lequel l'une des parties livre à l'autre une certaine quantité de choses qui se consomment par l'usage, à la charge par cette dernière de lui en rendre autant de même espèce et qualité."

Badisches Landrecht, Art. 1892:

„Die Darleihe ist ein Vertrag, dem zufolge einer dem andern von verbrauchbaren Sachen eine bestimmte Menge unter der Bedingung zu überliefern hat, daß letzterer ihm ebenso viel in der Gattung und Menge einst wiedergeben soll."

a) Die zweite Gesetzesbestimmung enthält eine bemerkenswerte Abweichung von der ersten. Worin ist sie gelegen?

b) Stimmt eine von ihnen mit dem römischen Rechte überein?

Pr. I. quibus modis re contrahitur (3, 14); l. 2 D. de rebus creditis (12, 1); l. 17 pr. D. de pactis (2, 14).

(Die weniger ausgeführte Bestimmung des Württembergischen Landrechtes s. o. § 5 Nr. 2).

3. Ein Müller hatte von einem Bauern Getreide geliehen. Der letztere lieferte krankes Korn, ohne dem Empfänger dies mitzuteilen; da der Müller die erhaltene Frucht unter die seinige mengte, verdarb alles.

Wie steht es mit seinem Ersatzanspruche? Welche *actio* kommt in Frage?

4. Es hatte der L. bei dem D. ein Quantum Mehl niedergelegt. Der D. läßt die ihm zu diesem Zwecke verabredetermaßen übersandten Säcke in einen feuchten Raum verbringen und bekümmert sich auch dann nicht weiter um sie, vernachlässigt namentlich das Lüften des Lokales, wie es zur ordentlichen Erhaltung des Mehles nötig gewesen wäre.

Was ist über das Rechtsverhältnis und die daraus entstehende Haftung zu bemerken?

5. Ein bekannter Nationalökonom heutiger Zeit stellte bei einer Besprechung der Fabrikarbeiterverhältnisse den Satz auf: „Noch immer bringen unsere Juristen den Arbeitsvertrag unter die überkommene Kategorie des römischen Rechtes: do ut facias."

a) Worin lag der Irrtum jenes Schriftstellers?

b) Gab es jedoch nicht vielleicht Fälle von Arbeitsverträgen, in denen ausnahmsweise jene Konstruktion zutreffend war?

6. A. erwirbt von B. dessen Grundstück gegen einen Preis von 50 ℳ für den Quadratmeter. Um auf demselben einen Bau aufführen zu können, will er den Platz dahin abrunden, daß er sich von seinem Nachbarn C. die Abtretung eines angrenzenden Streifens versprechen läßt, wogegen er in geführtem Briefwechsel dem C. ein anderes Stück Land zusichert. Er läßt sich hierauf von dem Baumeister D. einen genauen Bauplan mit Voranschlag gegen übliches Honorar anfertigen; und kommt in freier mündlicher Beredung mit E. dahin überein, daß letzterer den Hausgarten des A. anlegt gegen Einräumung eines Fußweges nach dem Grundstücke des E. Nach Fertigstellung des Baues nimmt A. den F. als Hausmann in der Weise an, daß F. im Kellergeschoß freie Wohnung erhält und verpflichtet wird, den Hauseingang zu überwachen, die Straße zu fegen, Kohlen zu tragen und den Garten zu begießen.

Was kann A. von seinen jeweiligen Partnern rechtlich beanspruchen, und zwar

a) nach altem ius civile Romanum?

b) nach dem Rechte des corpus iuris civilis?

7. Der Landwirt Erb schloß mit dem Handelsmanne Wolf

einen schriftlichen Vertrag, wonach letzterer ermächtigt sein sollte, das Anwesen des Erb zu veräußern, gleichviel ob im Wege des Kaufes, des Tausches oder der Zertrümmerung. Dabei wurde eine Mindestsumme bestimmt und dem Wolf im Falle des Gelingens der Veräußerung vier Prozent von der Gegenleistung des Gutserwerbers zugesagt.

Nachmals kam es zum Rechtsstreite zwischen Erb und Wolf, in dessen Verfolg es sich vor allem fragte, wie jenes Verhältnis juristisch zu bestimmen sei: mandatum — locatio — conductio — Innominatkontrakt — oder wie sonst?

8. In der Zeit, da Frankfurt a. M. noch freie Reichsstadt war, lebte dortselbst ein kleiner Seilermeister, dessen höchster Ehrgeiz die Erlangung einer Ratsstelle in seiner vaterstädtischen Republik war. Nachdem er solches vielfach, besonders auch durch mancherlei Ehrenbezeugungen gegen den maßgebenden Senator an den Tag gelegt, wurde er von dem letzteren eines Morgens in amtlicher Angelegenheit beschieden. Als er jedoch in froher und gewisser Erwartung eintrat, sprach jener nur in dürren Worten: „Lieber Herr, heute über acht Tage beginnt die Wollmesse, und wird diese auf dem Platze an Eurem Hause gehalten; wollet doch erlauben, daß die dabei beschäftigten städtischen Behörden Euren an der Thüre gelegenen Abort während der Messe benutzen dürfen." — Verwirrt sagte der Seiler zu.

Unter welche Rechtsbegriffe würden die römischen Juristen diese Beredung gebracht haben? Welche Formalität wäre danach zu fordern gewesen? Welche *actio* würde begründet worden sein?

XXII

Bruns, Font. iur. n. 128; — n. 5.

1. Der Geschäftsreisende A. hat verschiedene Briefe an seinen Prinzipal zu schreiben.

a) Er fordert in der Papierhandlung des B. Briefpapier und Umschläge.

b) In dem Gasthofe des C., wo er abgestiegen ist, befindet

sich das zum Gebrauche der Reisenden hingestellte Schreibzeug in schlechtem Zustande; der Freund D. borgt deshalb dem A. eine goldene Füllfeder, und sagt schließlich, da diese dem A. gefällt: Du kannst sie für immer behalten.

c) A. läßt sich von dem Oberkellner E. eine Briefmarke geben, klebt sie auf den Brief und wirft diesen später in einen Postbriefkasten.

d) Er leiht sich von D. einen Hundertmarkschein, den er in einen zweiten Brief einlegen will.

e) Diesen bittet er seinen Freund für ihn am Schalter einschreiben zu lassen.

f) Statt dessen giebt ihn D. mit gleichem Ersuchen dem Dienstmanne F., dem er dafür 30 ₰ bezahlt.

g) Der F. verabredet mit einem ihm begegnenden Kollegen, daß dieser den Brief besorge, und F. dafür ein Paket, das jener trägt, zur Bahn bringe.

h) Der Prinzipal, mit dessen Tochter der A. verlobt ist, teilt ihm mit, daß er ihn als Teilhaber aufnehmen wolle; zugleich verspricht er, ihm bei der Verheiratung eine näher bestimmte Mitgift zu bestellen.

i) Inzwischen hatte A. mit dem Kaufmanne G. abgerechnet und von diesem die schriftliche Anerkennung einer von jetzt ab mit 6% zu verzinsenden Restschuld erhalten. Nur ein Posten war streitig geblieben; er soll der maßgeblichen Entscheidung eines Unparteiischen unterbreitet werden.

Fragen:

a) Welche *obligatio* und *actio* liegt in den einzelnen Fällen vor?
b) In welchen Formen waren die fraglichen Rechtsgeschäfte nach römischem Rechte abzuschließen?
c) Wie steht es jeweils mit der Haftung für culpa?
d) Wie mit den Besitz- und Eigentumsverhältnissen?

2. „Es geht mir recht übel in der Welt; ich habe einem gewissen Frauenzimmer, mit dem ich etwas zu vertraut wurde, in aller Geschwindigkeit die Ehe zugeflüstert, und nun bin ich deshalb gerichtlich belangt. Einem Herrn, der mich zu einer Mahlzeit begehret, habe ich 1000 Thaler zu leihen versprochen;

und er droht mir mit einer Klage, falls ich nicht Wort halte. Noch habe ich jemandem zugesagt, daß ich ihm mein Haus vor einem andern vermieten wollte, sobald es ledig würde; und ich bin wirklich vom Richter verdammt, mein Wort zu halten. Ist das nicht grausam? und sollten die Gesetze dieses gestatten?

Die Römer, dieses kluge Volk, das die Welt kannte und wußte, was Komplimente waren, machten einen Unterschied unter bloßen Versprechungen und unter solchen, welche auf eine gewisse feierliche Art geschehen waren. Nur die letzteren waren unter ihnen bedachtsame und kräftige Versprechungen."

(Aus Justus Möser, Patriotische Phantasien.)

Fragen:

a) Von welchen Beredungen ist in obigen Beispielen gehandelt?

b) Ist es richtig, daß dieselben nach römischem Rechte formal eingegangen werden mußten? Und — bejahendenfalls — in welcher Form die einzelnen?

c) Wie stände es mit diesen Fragen, wenn als Exempel angeführt würden: Versprechen eines Bauern, seinen Hof dem Versprechensempfänger käuflich abzutreten; — oder ihn gegen ein städtisches Haus umzutauschen; — oder denselben seinem ältesten Sohne unter Vorbehalt lebenslänglicher Verpflegung des Vaters zu übergeben; — oder ihn gegen erhaltenes Darlehn zu verpfänden?

d) Die gleiche Frage kann auch für folgendes aufgeworfen werden: der geladene Gast hatte jenem Frauenzimmer im Falle der Ehe mit einem dritten eine Mitgift versprochen; — oder dieses dem Bräutigam gegenüber gethan? — Er hatte sich für ein vorgeschossenes Darlehn Zinsen versprechen lassen? — Mit dem Mieter war er in Vereinbarung vor einen privaten Schiedsrichter gegangen, der ihren Handel gut zu untersuchen und zu entscheiden versprach? — Eine nicht zweifelsfreie Legatsverpflichtung seinerseits hatte er in der Weinlaune als rechtlich verbindlich anerkannt und deren prompte Zahlung versprochen?

3. Kreittmayr, Anmerkungen über den codicem iuris Bavarici iudiciarii, XVII, 2 a:

„Ob man sich *per nudum Pactum vel Stipulationem* zum Compromiß einverstehe, ist eins und macht allzeit wenigst *de Jure hodierno et Germanico* den nemlichen Effect.“

Von welchem Vertrage und Rechtsverhältnisse ist hier die Rede? Wie verhält sich diese Angabe des bayrischen Gesetzgebers zu den entsprechenden Sätzen des römischen Rechtes?

4. *Bürgerliches Gesetzbuch für das Königreich Sachsen*, § 1066:

„Der Schenker, und wenn der Zweck, die Auflage oder Beschränkung zu gunsten eines Dritten gereicht, auch dieser Dritte, kann von dem Beschenkten die Erfüllung des Zweckes, der Auflage oder Beschränkung verlangen. Erfüllt der Beschenkte aus Absicht oder aus Verschuldung nicht, so ist der Schenker zur Rückforderung des Geschenkten nach den Vorschriften über die Rückforderung einer Nichtschuld berechtigt.“

Von welchen *actiones* spricht in solchen Fällen technisch das römische Recht? Stimmt es inhaltlich mit der angeführten Gesetzesstelle des sächsischen Rechtes überein?

Quellenstellen:

L. 9 C. de donationibus (8, 53[54]); l. 22 § 1 eod.; l. 8 C. de rerum permutatione (4, 64).

L. 8 C. de condictione ob causam datorum (4, 6); l. 2 eod.; l. 3 eod.

L. 3 C. de donationibus quae sub modo . . . conficiuntur (8, 54[55]).

XXIII

1. Ev. Lucae, X, 30, 33—35:

„Es war ein Mensch, der ging von Jerusalem hinab gen Jericho, und fiel unter die Mörder, die zogen ihn aus, und schlugen ihn, und gingen davon, und ließen ihn halb tot liegen.

Ein Samariter aber reisete, und kam dahin; und da er ihn sahe, jammerte ihn sein;

Ging zu ihm, verband ihm seine Wunden und goß drein Öl und Wein; und hob ihn auf sein Tier, und führte ihn in die Herberge, und pflegte sein.

Des anderen Tages reisete er und zog heraus zwei Groschen, und gab sie dem Wirte und sprach zu ihm: Pflege sein; und so Du was mehr wirst darthun, will ich Dirs bezahlen, wenn ich wiederkomme."

Was sind aus der Handlungsweise des barmherzigen Samariters für Obligationen entstanden, und welche *actiones* sind unter den Beteiligten begründet?

2. Jemand eröffnet beim Betriebe des Bergbaues eine Quelle, durch deren Abfluß das benachbarte seither wasserarme Grundstück nun wertvoller wird. Er verlangt einen Beitrag zu den Kosten der Fassung der Quelle von dem Nachbarn.

Fragen:

a) Wie würde die darauf abzielende *actio* heißen? Ist dieselbe begründet?

b) Ist die gleiche Entscheidung zu treffen, wenn jemand sein Grundstück entwässert und dadurch zugleich das benachbarte aus Versumpfung rettet?

3. Der preisgekrönte Stenograph Grünhut hatte sich einem Herrn Voyta gegenüber verpflichtet, ihm auf einer einzigen Postkarte in stenographischer Schrift Goethes „Wahlverwandtschaften" niederzuschreiben. Voyta versprach, dafür 200 ℳ zu bezahlen. Die Karte wollte er dann nach Amsterdam, wo er einen Liebhaber solcher Dinge kenne, weiter verkaufen. Grünhut brachte das Kunststück zuwege und sandte die Karte, welche den ganzen Goetheschen Roman enthielt, wie es vereinbart war, an Herrn Voyta. Mit diesem zusammen hatte ein Herr Zwettler eine Wohnung inne, und dieser war gerade allein zu Hause, als die sonderbare Postkarte, die er nicht entziffern konnte, ankam. Er steckte dieselbe ein, vergaß sie seinem Freunde Voyta zu geben, und — verlor sie. Voyta wollte natürlich für die Karte, die er nicht erhalten hatte, die 200 ℳ nicht bezahlen, aber auch Zwettler lehnte jede Ersatzpflicht ab.

Es sind folgende Fragen zu beantworten:

a) Welche Rechtsverhältnisse liegen zwischen den beteiligten Personen (Grünhut — Voyta — Liebhaber — Post — Briefträger — Zwettler) vor?

b) Worauf geht die Verpflichtung eines jeden von ihnen,

dem andern gegenüber? Für welchen Grad der culpa wird dabei jeweils von den einzelnen gehaftet?

4. Die Steuerkasse zu X. wurde angewiesen, dem invaliden Unteroffizier Anton Wahle zu X. eine näher bestimmte Invalidenpension zu zahlen. Die Kasse zahlte sie an den Gerichtsdiener Anton Wahle zu X., auf den jene Charakterisierung auch paßte, während die Pension in der That für den bei der Post angestellten Wagenmeister Anton Wahle zu X. bestimmt war.

Kann hier etwas zurückgefordert werden? Welche *actio* des römischen Rechtes kommt in Betracht?

5. Jemand bezahlt mit fremdem, ihm anvertrauten Gelde Schulden, die er seinerseits hat.

Auf welchem Wege Rechtens kann der Eigentümer des veruntreuten Geldes vorgehen?

6. Ein Landpfarrer lud viele Freunde und Bekannte zu der demnächstigen Hochzeit seiner einzigen Tochter ein. Die Geladenen sandten, der Sitte gemäß, Hochzeitsgeschenke; erhielten aber zwei Tage vor dem angesetzten Termine die Nachricht, daß die Vermählung, wegen plötzlichen Trauerfalles in der Familie des Bräutigams, in aller Stille und ohne Festlichkeit begangen werden müsse.

Können die „Ausgeladenen“ nicht ihre Geschenke zurückfordern? An welche *actio* des römischen Rechtes hätte man da zu denken; — und was wäre für oder wider deren Erfolg begründetermaßen zu bemerken?

XXIV

Bruns, Font. iur. n. 2; 13; 20; 21.

1. Welche *obligatio* und *actio* stehen im folgenden in Frage?

a) R. beabsichtigt, eine Reise zu unternehmen. Er hatte sein Fernglas dem A. geliehen und fordert es nun zurück; der will es noch behalten. Sie kommen in Streit, wobei A. den R. auffordert, sein, des A., Haus zu verlassen. R. weigert sich.

b) Da R. auf diesem Wege sein Fernglas nicht erhalten hat,

so dringt er später nochmals ein, erbricht die Zimmerthüre des A. und holt sich sein Glas.

c) Sein Freund B., der sich in der Wohnung des R. von diesem verabschiedet hat, merkt auf der Straße, daß R. zu Fuße die Bahn nicht rechtzeitig erreichen werde. Er schickt ihm eine Droschke (C.).

d) Am Bahnhofe bezahlt R. den C. Derselbe war aber bereits von B. bezahlt worden.

e) Als R. am Droschkenpferd vorbeigeht, schlägt dieses plötzlich aus und verletzt und beschmutzt den R.; dasselbe war von X. mit einem Stocke geschlagen worden.

f) Im Wartesaale läßt R. seine Reisetasche stehen. D. eignet sie sich an.

g) Am Ankunftsorte steigt R. im Gasthofe des E. ab. F. schleicht in seiner Abwesenheit mit Nachschlüsseln ein und entwendet den Handkoffer des R. mit Inhalt.

h) In der Stadt entsteht durch Blitzschlag Feuer, wobei auch der Gasthof des E. und darin das Zimmer des R. mit dessen Sachen sehr beschädigt wird.

i) R. will ein silbernes Besteck kaufen und fragt in der ihm fremden Stadt den G. nach einem guten Geschäftshause. Dieser empfiehlt ihm einen notorischen Schwindler als reelle Firma.

k) R. besucht die Restauration des H. und hängt seinen Überzieher eine Strecke von sich an die Wand. Ein anderer Gast, J., zieht heimlich das Kleidungsstück an und entfernt sich.

l) Im Ärger darüber schilt R. den H. einen Dieb und Betrüger.

m) Auf dem Heimwege fällt ihm Asche und Schmutz auf die Kleider, welche die in Diensten des K. stehende L., glaubend, daß jetzt niemand vorbeigehe, aus dem Fenster geschüttet hatte.

n) R. droht mit dem Stocke hinauf, verfährt aber dabei so ungeschickt, daß er das Fenster des parterre wohnenden M. zerschlägt.

o) Bei der Abreise merkt R., daß der Gasthofskellner N. Wäsche des R. getragen und beschmutzt wieder hingelegt hat.

2. Wie ist die Handlung der „Betrüger“ in dem Märchen: Des Kaisers neue Kleider, von ANDERSEN, privatrechtlich zu charakterisieren? Und welche Rechtsfolgen würden sich hieran nach römischem Rechte anknüpfen?

3. Im Frühjahre 1893 wurden mit dem Luftballon „Humboldt“ eine Reihe von Fahrten unternommen, bei deren letzter die Luftschiffer eine sehr schwierige Landung auszuführen hatten, so daß sie die Hülfe beobachtender Zuschauer anriefen. Dabei warnten sie aber vernehmlich und dringend, ja nicht mit brennender Cigarre sich dem Ballon zu nähern. Diese Mahnung wurde von einem Bauerngutsbesitzer aus Alt-Heinrichau nicht beachtet; und unmittelbar, nachdem er mit brennender Cigarre herangekommen, erfolgte eine mächtige Explosion, durch welche viele Menschen verletzt und der Ballon gänzlich vernichtet wurde.

Kann der rücksichtslose Raucher wegen des Obigen gerichtlich belangt werden: — von wem, — mit welcher *actio*, — unter welcher juristischen Begründung?

4. „Eyn fürnehmer Kauffmann sendet eine Heerd Schaafe über Meer, in dem Schiff schläfft der Steuermann, und ein Widder darunter stösset ihn mit seinen Hörnern, daß er sich im Schlaff darüber erzürnet, und den Widder in das Wasser wirfft.

Als solches die Schaafe gesehen, seynd sie alle hernach gesprungen, und ersoffen; der Kauffmann will seine Schaafe bezahlt haben, der Steuermann will mehr nicht, als den Widder, gut machen, weil er die andern nicht verwahrloset.

Beede Theil gelangen vor Gericht.“

(Aus ABELE, Mitglied der „fruchtbringenden Gesellschaft“, Seltzame Gerichtshändel. 1655.)

5. Der Kaufmann A. übersandte seinem Geschäftsfreunde B. sieben Centner Wolle mit der Bitte, dieselbe für Rechnung des A. bestens zu verkaufen. Die Wolle ward jedoch bald darauf von dem Arbeitsmanne C. aus dem Magazin des B. gestohlen und von dem Diebe sodann für 1200 ℳ an den Kommissionär D. verkauft, welcher sich das Kaufgeld gegen Verpfändung der Wolle von dem Händler E. entlieh. D. und E.

wußten, daß die Wolle gestohlen war und verkauften solche später an den Tuchmacher F., der sie gutgläubig verarbeitete.

Es fragt sich: ob A. oder B. gegen eine der anderen Personen einen Rechtsanspruch erheben können?

6. Welche delicta privata sind in nachstehenden Thatbeständen gegeben? Und was für Konsequenzen knüpft das römische Recht jeweils an sie an?

a) Ein Dienstmädchen brennt gegen den Willen der Herrschaft des Nachts Gas in der Küche an, um Romane zu lesen.

b) Es verstößt jemand gegen die Ordnung des Seminars, indem er gegen sein Versprechen aus der Präsenzbibliothek Bücher mit sich nach Hause nimmt, in der (nachher auch ausgeführten) Absicht, sie später wiederzubringen.

c) Der in IMMERMANNS „Münchhausen“ geschilderte „Patrioten-Kaspar“ nahm das dem Hofschulzen vom Oberhofe gehörige, angebliche Schwert Karls des Großen heimlich von seinem Aufbewahrungsorte und versteckte es in einer unauffindbaren Weise im Gebälke des Oberhofes, um dem Hofschulzen, seinem Todfeinde, eine für diesen nicht verwindliche Kränkung zuzufügen.

d) „Es hatte ein Spitzbube vernommen, daß Kayser Carl der fünffte verreisen wolte. So ging er dreist in das Kayserl. Gemach, indem er wußte, daß daselbst wegen der bevorstehende Reise sehr wenig Diener vorhanden. Er trat dannenhero erstlich hinzu, und machte mit gebogenen Knien, wie zu Hofe gebräuchlich war, dem Kayser eine Reverence; fing darauf an, die angeschlagenen Tapeten mit grosser Eylfertigkeit herab zu nehmen und gar sauber und hurtig in ein Bündlein zusammen zu wickeln, so, daß der Kayser, und die bey ihm waren, selbst zusahen. Biß er endlich alle Tapezereyen hinweg bekam, und dem ordentlichen Aufheber derselben, welcher eben damahls in anderen Verrichtungen begriffen war, aller Mühe gäntzlich überhebete.“

(Aus HARSDÖRFER, Verf. des „Nürnberger Trichter“, Schauplatz lust- und lehrreicher Geschichten.)

e) Es hat N. von O. ein Pferd zum Spazierenreiten leihweise erhalten, aber ausdrücklich versprechen müssen, daß er nur Schritt oder mäßigen Trab reiten werde. N. aber galoppiert mit dem Pferde acht Minuten lang, wodurch das Tier, das in der That an schlechter innerlicher Beschaffenheit litt, so abgemattet wurde, daß es bald darauf verschied.

f) „Edmund, der Angelsachse, fand im Palaste König Karls zu Aachen einen Goldring. Als er ihn näher betrachtete und die Runenschrift auf dem Golde sah, welche niemand zu lesen verstand, schrak er zusammen: es war der Ring der Königin Fastrada, der Gemahlin Karls, die ihn hier verloren hatte . . . Gefundenes Gut eine Weile aufheben, sprach er zu sich selbst, ist kein Vergehen; wäre es ein solches, so ist es so klein, daß weder das Recht noch die Moral, einen eigenen Namen dafür zu prägen, nötig fand. Ich will den Ring nur ein paar Tage aufheben und ihn dann wieder in die Hand der Königin legen. — Der Ring besaß geheime Zauberkraft: solange ihn Fastrada am Finger trug, war sie der glühendsten Liebe Karls gewiß, hätte aber ein anderer den Ring genommen, so würde des Königs Liebe auch dem neuen Träger des Ringes nachgezogen sein."

RIEHL führt in seiner anmutigen Novelle „König Karl und Morolf" dann weiter an, wie Edmund den Ring in einem Baume verbarg; und ihn später der Gisela, Tochter des Ruoding, schenkte, auf daß sie ihn der Königin zurückbringe und sich deren Wohlwollen erwerbe. Was dann auch geschehen.

7. Großes Aufsehen erregte 1785 die Halsbandgeschichte der Gräfin LAMOTHE in Paris.

Die Gräfin, unterrichtet, daß der Kardinal Prinz Rohan, der bei Hofe in Ungnade gefallen war, um jeden Preis die Gunst der Königin Marie Antoinette wieder zu erhalten suchte, stahl sich in sein Vertrauen und versicherte ihm, daß sie ihm die Gnade der Königin zurückverschaffen könne; dieselbe wünsche ein Halsband von Diamanten zu besitzen, das bei den Juwelieren Böhmer und Bassenge feil, aber für sie wegen des Preises von beinahe 2 Millionen Francs nicht käuflich sei. Der Kardinal kaufte das Halsband, übergab es der Gräfin, und eine gewisse Oliva, ein öffentliches Mädchen des Palais Royal, spielte im Garten zu Versailles die Königin, mit der sie einige Ähnlichkeit hatte. Die flüchtigen Worte, durch die sie den Kardinal ihrer Zufriedenheit versicherte, bestärkten diesen in dem Glauben, daß er der Königin Huld wieder gewonnen habe. Jetzt hatte die Gräfin nichts Eiligeres zu thun, als durch ihren Ehemann das Halsband verkaufen zu lassen. Als aber der in dem gefälschten Reverse der Königin, welchen der Kardinal den Juwelieren zur Sicherheit gegeben hatte, bestimmte Termin verstrich, ohne daß Zahlung erfolgte, so kam die Machination an den Tag, die Gräfin wurde gestäupt und des Landes verwiesen.

Welche Rechtsbegriffe sind aus der römischen Lehre von den Privatdelikten hier zur Anwendung zu bringen? Und welche Folgen würde das römische Recht mit den einzelnen deliktischen Handlungen verbunden haben?

XXV

1. Kann in nachstehenden Fällen gegen den Eigentümer des betreffenden schädigenden Tieres ein Ersatzanspruch (und was für eine *actio*?) erhoben werden?

a) Eine bissige Bulldogge, welche ihr Eigentümer im Garten vor dem Hause frei umherlaufen läßt, fällt den in das Haus kommenden Briefträger an und verletzt ihn schwer.

b) Auf einer Gebirgswanderung wird ein Tourist, der an einer Herde vorbeigeht, von einer Kuh, die plötzlich auf ihn einspringt, umgerannt und beschädigt; das Tier war durch Insektenstiche unvermutet gereizt worden.

c) Als ein Geschäftsreisender über den Hof einer Holzhandlung nach deren Comptoir schritt, kam er — sei es aus Unvorsichtigkeit oder weil es ihm nicht möglich war, das Tier zu bemerken — der Hütte des Kettenhundes zu nahe und wurde von diesem gebissen.

d) Es begab sich einmal, daß ein Bauer auf seinem Esel

Kartoffeln nach der Stadt brachte und solche dem Apotheker, dem er sie verkauft hatte, zuführte. Der Esel wurde an der Thüre festgebunden, während sein Herr die Erdäpfel nach dem Keller des Bestellers schaffte, dann aber von mutwilliger unbekannter Hand gelöst. Er spazierte gemächlich in den Hof und trank ein am Kellereingange stehendes Gefäß mit Malvasier völlig leer.

e) Von einem abgefeimten Gauner wurde eine Dohle zum Stehlen von Goldsachen abgerichtet und vielfach wirklich dazu benutzt.

f) In Bern befindet sich an der Nydeckbrücke ein Bärenzwinger, worin in zwei durch eine Mauer getrennten Graben eine Anzahl von Bären seit alter Zeit ständig gehalten wird. Hier unternahm es ein Engländer, infolge einer Wette, auf jener schmalen Mauer hin und zurück zu gehen, ein Unterfangen, bei dem er denn auch richtig in den Zwinger hinabstürzte und von den Bären zerrissen wurde.

g) Der berühmte französische Satiriker Boileau-Despreaux wurde als Kind von einem fremden kalkuttischen Hahn angegriffen und an den Genitalien derartig verletzt, daß er zeitlebens an den Folgen zu leiden hatte.

2. Aus der in Oberhausen sich aufhaltenden Weidauerschen Menagerie entsprang im Frühjahre 1893 ein Königstiger, welcher eine ganze Nacht sich im Freien herumtrieb, ein Schwein raubte und anderen Morgens bei der obrigkeitlich auf ihn eröffneten Jagd den Gensdarmen Kalla schwer verwundete, während der Feuerwehrmann Darmstädter, auf einer Mauer stehend, durch einen ungeschickten Schuß erheblich verletzt wurde.

Von diesen beiden Personen wurde Weidauer, der Eigentümer der Menagerie, auf Schadensersatz belangt.

Er entgegnete: daß er keine Schuld an der Entweichung gehabt habe; — das Tier gehöre ihm auch gar nicht mehr, da es als wildes in die Freiheit gekommen wäre (§§ 12, 14—16 I. de R. D. 2, 1); — zudem sei der entsprungene Königstiger ganz unschädlich gewesen; er sei in der betreffenden Nacht an vielen Leuten so nahe und unschuldig vorbeigestrichen, daß man ihn allgemein für einen großen, gutmütigen Metzgerhund gehalten habe, und er habe so lange niemandem etwas zuleide gethan, bis man ihn verfolgte und thätlich angriff und ihn also in Notwehr versetzte; in jedem Falle würde er, Beklagter, die Bestie ohne Schaden wieder eingefangen haben, wenn Polizei und Feuerwehr nicht dazwischen gekommen wären. Übrigens sei er gütlich bereit, das erschossene Tier den Beschädigten einfach hinzugeben.

Replik der Kläger: In solchen Angelegenheiten sei gesteigerte Sorgfalt nötig und müsse Beklagter unbedingt haften; — die natürliche Freiheit habe der Königstiger noch nicht erlangt gehabt; — aus dem letzten beklagtischen Einwande folge gerade, daß das Tier dann contra naturam sui generis gehandelt habe. Mit dem toten Tiere könnten sie, die Kläger, nichts anfangen.

Es ist der Rechtsfall zu begutachten und Urteil mit Gründen zu entwerfen.

3. Das Dienstmädchen eines Gastwirtes warf aus dem Fenster der im Erdgeschoß belegenen Wohnung einen Obstrest auf die Straße. Ein auf dem Bürgersteige des Weges daher kommender Tischlergeselle war über die Kerne ausgeglitten und hatte einen Fall gethan, bei dem er einen Beinbruch erlitt.

An wen kann er sich wegen der verausgabten Kurkosten im Betrage von 52 ℳ civilrechtlich halten?

XXVI

1. Regelung einer Erbschaft.

G. hat von X. und von Y. je 1000 ℳ und von Z. die Lieferung eines auf dem Grundstücke des G. zu erbauenden Pferdestalles zu fordern. G. stirbt am 26. Mai und hinterläßt zwei Brüder A. und B., welche am 3. Juni die Erbschaft antreten.

A. kommt am 14. Juni bei einem Eisenbahnunglück um, ohne Descendenten zu hinterlassen.

Nun nimmt B. die ganze Erbschaft an sich und überläßt sie um die runde Summe von 24 000 ℳ dem C.

Dieser kommt mit Z. überein, daß er ihn seiner Vor

pflichtung entlassen wolle, wenn Z. dem D., einem Schwager des C., sich vertragsmäßig verbindlich mache, einen gleichen Bau auf dem Gute des D. zu errichten. Welcher Vertrag auch zu stande kommt.

Die Forderung gegen Y. verschenkt C. an H. Dieser verkauft sie an J., welcher den Y. dem E. an Zahlungs Statt überweist. Zugleich verpfändet C. die von X. noch zu zahlende Schuld dem F.

Fragen:

a) Welche Gläubiger haben X., Y., Z. jetzt?
b) Welche Rechtsgeschäfte standen in obigen Thatbeständen in Frage? In was für Formalitäten mußten dieselben nach älterem, klassischem, justinianischem Rechte vorgenommen werden?
c) Welche *obligationes* und *actiones* waren jeweils begründet?
d) Wenn für die Schuldner X., Y., Z. je ein Bürge eingetreten war: haften dieselben auch nach den angeführten rechtlichen Veränderungen noch?

2. Es hat G. gegen S. eine Darlehnsforderung auf 300 *M*, fällig in fünf Jahren. G. verkauft sie an C. Dieser überweist sie seinem Schwiegersohne B. als Mitgift; welcher dieselbe seinem Gläubiger A. als Pfand für eine Forderung bestellt, die er bei ihrer demnächstigen Fälligkeit nicht zu bezahlen im stande ist.

Nunmehr stirbt G. und wird von H. beerbt.

Wie würde ein römischer Jurist diese Verhältnisse rechtlich auseinander zu setzen haben, und zwar

a) im Zeitalter des Augustus;
b) nach Fertigstellung des corpus iuris civilis?

3. Zeitungsinserat.

Dubiose Forderungen auf Rußland und Polen werden gekauft oder zum Inkasso angenommen. Letzteres erfolgt kostenfrei; nur wird vom eingezogenen Betrage eine übliche kleine Provision berechnet. J. Kalina, Warschau.

Von welchen Rechtsbegriffen ist hier Gebrauch gemacht? Und wie würden dieselben in der Sprechweise der römischen Jurisprudenz technisch zu benennen sein?

4. A. ist dem B. 50 ℳ schuldig, und B. ebensoviel dem C. Sie kommen dahin überein, daß B. den A. seiner Schuld entläßt, dabei aber A. die Schuld des B. an C. zu zahlen übernimmt; womit C. einverstanden ist.

Dabei hatte A. nicht beachtet, daß ihm seinerseits eine Forderung von 25 ℳ gegen B. zustand, als die erwähnte Übereinkunft getroffen wurde.

Kann A. sich jetzt noch darauf berufen und die 25 ℳ auf die Forderung des C. aufrechnen?

5. Im 16. Jahrhundert lebte in der hessischen Stadt Alsfeld der Wollenweber Kulman Zan, ein wohlhabender und angesehener Mann. Er hatte von dem Schneider Konrad Sibold aus mehrjährigen Geschäften 460 Gulden 18 Albus zu fordern. Diese Forderung überließ er am 13. Mai 1557 dem Seilermeister Ulrich Bornfleck gegen Barzahlung einer Summe, die niemals genau bekannt geworden ist.

Bornfleck stand allgemein in dem Rufe, seine Kunden zu überteuern und in Geldgeschäften ein harter und rücksichtsloser Gläubiger zu sein. Als daher Sibold am Morgen des 14. Mai von einem Knechte des Kulman Zan zufällig von dem abgeschlossenen Handel erfuhr, verfügte er sich eilends zu diesem und flehte ihn an, ihn doch nicht völlig in die Hand des ihm auch persönlich verfeindeten Bornfleck fallen zu lassen; es sei ihm unmöglich, jetzt die ganze Summe zu beschaffen, aber er hoffe, in baldiger Zeit von einem Verwandten seiner Ehefrau etwas zu erben. Zan ließ sich erweichen und stellte dem Schuldner eine Urkunde aus, worin er ihm bescheinigte, 100 Gulden bar erhalten zu haben, mit 32 Gulden 9 Albus Gegenforderung des Sibold für gelieferte Waren aufzurechnen, 27 Gulden 9 Albus aber in freier Überlegung schenkungsweise zu erlassen. Mit Bornfleck, fügte er mündlich hinzu, wolle er sich schon auseinandersetzen.

Letzterer hatte aber ganz andere Absichten. Er meldete sich am 18. Mai bei Konrad Sibold; zeigte ihm das Dokument über die geschehene Abtretung vom 13. Mai und forderte sein Geld, indem er das Abkommen vom 14. Mai in nichts gelten lassen wollte.

Sie konnten sich nicht einigen. Am 31. Mai fiel an

Sibold die Erbschaft des ihm verschwägerten Henne Winckelmann, der sowohl von Kulman Zan 42 Gulden 10 Albus, als von Ulrich Bornfleck noch 67 Gulden 16 Albus zu fordern hatte. Auch entdeckte jetzt Sibold, daß er von seinem alten Gläubiger Zan aus Verkäufen noch 10 Gulden, versehentlich beiderseits übersehen, zu fordern habe.

Wie viel hatte nun Konrad Sibold an den Ulrich Bornfleck rechter Weise bar zu zahlen?

(1 Gulden = 30 Albus = 171 heutige Reichspfennige.)

6. Vach cedierte eine ihm aus einem Verkaufe an Frau von Gringel zustehende Forderung von 600 ℳ an Fuldinger. Unter die Cessionsurkunde schrieb die Schuldnerin:

„Vorstehende Cession erkenne ich andurch nicht nur für richtig an, sondern verpflichte mich auch, die obigen 600 ℳ samt Zinsen an Herrn Fuldinger oder jeden anderen Inhaber dieses Dokumentes zu bezahlen . . .

Martha von Gringel.“

Nachdem nun noch eine weitere Cession von Fuldinger an Kesselmann eingetreten war, klagte der letztere die cedierte Forderung von Frau von Gringel ein.

Von der Beklagten wurde eingewandt und dargethan: das Kaufgeschäft, aus welchem die cedierte Forderung abgeleitet worden, habe sich wieder (wegen Ermangelung des Eigentums an dem verkauften Objekte auf seiten des Verkäufers) zerschlagen; daher sei eine notwendige Voraussetzung des Cessionsgeschäftes weggefallen und die erhobene Klage nicht begründet. Wogegen der klägerische Anwalt ausführte, daß es sich im vorliegenden Falle um eine novatio und nicht um eine cessio actionis handele.

Cf. auch l. 14 § 1 D. de novat. (46, 2); l. 80 (82) D. de iure dotium (23, 3).

Es ist Urteil mit Entscheidungsgründen auszuarbeiten.

XXVII

Bruns, Font. iur. n. 231.

1. Von welchen Endigungsgründen der Obligationen ist in folgenden Thatbeständen die Rede?

a) Ein Vater berichtigt die Schulden seines großjährigen Sohnes.

b) Von einem Schuldner wird Erfüllung offeriert; der Gläubiger aber verweigert die Annahme, indem er von einer noch zu tilgenden Verpflichtung gegen den anbietenden Schuldner befreit sein will.

c) Der A. hatte von N. an rückständigem Kaufgelde noch 240 *M* am 1. Oktober 1895 zu fordern. Nun kommen sie brieflich überein, daß der in Nierstein wohnende Schuldner ein Hektoliter 1893er Niersteiner Ölberg liefern und die Zahlung in bar unterbleiben, vielmehr beide damit zufrieden sein sollen.

d) Ein Landwirt stand wegen eines Pferdes in Kaufunterhandlungen. Als er bei einer Besichtigung das Tier streichelte und klopfte, schlug es plötzlich aus und verwundete den Kauflustigen. Nachmals kauft dieser es doch.

e) Man sendet seinem Gläubiger, der 4 *M* zu fordern hat, den Betrag in Briefmarken ein.

f) Ein Kaufmann geriet in Zahlungsverlegenheit. Er wendete sich an seine Gläubiger mit der Aufforderung, sie möchten gegen Berichtigung einer gleichmäßig bemessenen Quote ihrer Forderungen auf den Rest verzichten. Sämtliche Gläubiger unterzeichneten Reverse jener Aufforderung entsprechenden Inhaltes.

g) X. hat von Y. noch Geld zu fordern. Y., der in zerrütteten Vermögensverhältnissen lebt, erklärt dem X., daß sein Verwandter Z. statt seiner die Schuld bezahlen werde. X. ist damit einverstanden und es kommt eine dem entsprechende Einigung unter den Dreien zu stande.

h) Gegen eine Darlehnsklage wandte der Beklagte ein, daß er dem Gläubiger Fuhren geleistet und nach Leistung derselben mit ihm mündlich verabredet habe, als Entgelt für die geleisteten Fuhren sollten die 600 *M* Darlehn verrechnet werden.

2. In welcher Art und Weise findet nachstehend die Tilgung der betreffenden Obligation statt?

a) Es erhebt jemand Klage aus einem Schenkungsvertrage; er wird aber damit rechtskräftig abgewiesen.

b) Der A. ist Darlehnsgläubiger des B. vom 1. Juni 1895; das Darlehn ist in einem Jahre rückzahlbar und soll mit

4% verzinst werden. Andererseits wird B. am 15. August 1895 Gläubiger des A., indem er einen Gläubiger desselben beerbt, und zwar auf die gleiche Summe, wie jenes Darlehn.

c) H.G.B. Art. 296: „Der Überbringer einer Quittung gilt für ermächtigt, die Zahlung zu empfangen, sofern nicht die dem Zahlenden bekannten Umstände der Annahme einer solchen Ermächtigung entgegenstehen."

d) Ein säumiger, in mißlichen Vermögensumständen befindlicher Schuldner kommt mit dem Gläubiger überein, seine Schuld, statt mit barer Zahlung, durch Lieferung von Zimmerarbeiten zu tilgen.

e) Bei Eröffnung eines Testamentes findet sich die Verfügung, daß der jetzt Verstorbene letztwillig dem einen seiner Schuldner das vermacht hat, was dieser ihm schuldig war.

f) Ein Gläubiger verabredet mit seinem Schuldner, dessen Forderung an einen Dritten er berichtigen will, daß jener hierauf seine Schuld an ihn abrechne und diese insoweit durch gegenseitige Anrechnung zwischen ihnen beiden getilgt werde.

g) M. stellt dem N. folgende Quittung aus:

„Ich Endesunterzeichneter bekenne, daß mir mein Bruder N. alles, was ich an Erbteil von ihm zu fordern habe, richtig ausbezahlt hat, und verzichte hiermit auf jegliche Forderung."

In der That war der fragliche Erbteil nicht bezahlt worden.

3. Welches ist die rechtliche Wirkung der kommenden Zahlungen?

a) Der Vormund bezahlt eine Schuld des Mündels.

b) Ein Schuldner des Mündels liefert diesem das schuldige Geld ab.

c) Man bezahlt eine rückständige Kaufschuld dem Darlehnsgläubiger seines Gläubigers.

d) Es wird einem Weinreisenden, der sich durch Vollmacht legitimiert hat, der Betrag der letzterhaltenen Sendung ausgehändigt.

e) Eine Dame spielt in der Lotterie und sendet rechtzeitig

die fällige Rate ihres Einsatzes an den Kollekteur durch Postanweisung, vergißt aber, ihren, der Absenderin, Namen dabei anzugeben.

f) Der A. zahlt die fällige Schuld seines abwesenden Freundes B., obgleich dieser ihm verboten hatte, die, an sich richtig stehende, Schuld zu berichtigen.

g) Laut Kodizill war C. verpflichtet, dem X. eine bestimmte Summe als Vermächtnis zu zahlen. Statt dessen bezahlt es der Miterbe D., in dem irrigen Glauben, seinerseits dazu verbunden zu sein.

4. Da Sancho Pansa — nach der Erzählung des CERVANTES — Statthalter von Barateria geworden war, entstand vor ihm ein Rechtsstreit wegen eines Darlehns von 10 Thalern, das der Geber einklagte, indessen der Empfänger zu schwören bereit war, daß er jenem das Geld wiedergegeben und er ihn in der That und Wahrheit bezahlt habe. Und weil der Kläger mit der Eidesleistung einverstanden war, so schwur der andere: er habe die Thaler aus seiner Hand in die des Gläubigers zurückgegeben, der nur aus Unachtsamkeit sie hin und wieder nochmals von ihm verlangt habe.

Es hatte aber der Schwörende vor der Eidesleistung einen breiten Rohrstock, auf den er sich stützte, seinem Gegner, um ihn zu halten, in die Hand gegeben; und in diesem Stocke, den er nun wieder in Empfang nahm, waren 10 Goldthaler verborgen gewesen.

War eine juristisch ordnungsgemäße *solutio* vorhanden gewesen; und warum oder warum nicht?

5. Der Kaufmann U. verkehrte bis Ende vorigen Jahres in dem X.schen Restaurant, bei dessen Inhaber er im Dezember bei Zahlung der Zeche eines Tages einen Pfennig schuldig blieb. Infolge eines Streites zwischen Wirt und Gast blieb der letztere aus dem Lokal fort und aus Ärger darüber sandte der Restaurateur am 1. Januar dem U. einen eingeschriebenen Brief, worin er um Zahlung des schuldig gebliebenen Pfennigs ersuchte. U. sandte sofort diesen Betrag durch Postanweisung an den Gläubiger. Der aber verweigerte die Annahme, weil U. das Bestellgeld mit 5 ₰ und 25 ₰ Porto für den eingeschriebenen Brief einzuzahlen unterlassen hatte.

Nunmehr hat X. den Klageweg beschritten.

Wie wird dieser Rechtsstreit richtiger Weise zu enden haben?

Kommt vielleicht l. 4 D. de in integrum restitutione (4, 1) in Betracht? Oder l. 9 i. f. D. de dolo molo (4, 3)? Oder l. 54 D. de C. E. (18, 1)?

6. MUSAEUS erzählt in seinen „Legenden vom Rübezahl", wie ein armer Bauer Namens Veit, durch seine Gläubiger hart bedrängt und von seinen Verwandten gänzlich im Stiche gelassen, die Hülfe Rübezahls angerufen und von diesem gegen einen Schuldbrief 100 Thaler als zinsbares Darlehn auf drei Jahre erhalten habe.

Am Zahlungstermine stellte sich Veit pünktlich mit dem Gelde an der Höhle im Gebirge ein, wo er damals den Geist angetroffen. Doch dieser ließ sich weder hören noch sehen und erschien auf kein Rufen.

Betrübt trat Veit den Rückweg an. Da erhob sich vom Walde her ein wirbelnder Wind, der unter den Blättern, womit er spielte, auch ein Papier wehend vor sich hertrieb. Veits Knabe haschte es und brachte es dem Vater. Als dieser das zusammengerollte Papier aufschlug, um zu sehen, was es wäre, fand er, daß es der Schuldbrief war, den er an den Berggeist ausgestellt hatte, von oben herein zerrissen, und unten stand geschrieben: Zu Dank bezahlt.

Was für einen Rechtsakt hatte hier Rübezahl vorgenommen? In welcher Form hätte das nach römischem Rechte geschehen müssen? Welche rechtliche Wirkung knüpft sich daran?

Cf. l. 2 § 1 D. de pactis (2, 14); l. 24 D. de probat. (22, 3).

7. Ein Mieter wurde angeklagt, weil er heimlich seine Sachen aus dem Gewahrsam des Vermieters weggenommen, der sie wegen rückständigen Mietgeldes zurückbehalten hatte (St.G.B. § 289). Er wandte ein, daß er aus Darlehn eine Gegenforderung gegen den Vermieter habe, durch welche seine Mietschuld völlig gedeckt sei.

Wie hat das Gericht zu erkennen?

8. Der Ökonom Klöpper hatte von dem Metzger Heins 350 ℳ zu fordern, welche laut Verabredung am 1. Oktober 1895 gezahlt werden sollten. Dem Heins cedierte der Händler Käuffel ein Guthaben von 170 ℳ gegen Klöpper aus rückständiger, längst verfallener Schuld. Ende September 1895 wurde über Klöpper der Konkurs erkannt.

Der Konkursverwalter forderte von Heins am 1. Oktober Zahlung der 350 ℳ und weigerte sich, diesen zur Aufrechnung mit der Gegenforderung zuzulassen, weil die Forderung des Klöpper erst nach Ausbruch des Konkurses fällig geworden sei.

Es ist l. 7 D. de compens. (16, 2) nachzusehen; und danach zu entscheiden, welcher der streitenden Teile im Rechte ist.

9. Welche Rechtsfolgen treten bei folgenden Thatbeständen ein?

a) Gläubiger und Schuldner sterben und werden der erstere von M., der zweite von M. und N. beerbt.

b) Für einen Schuldner S. hat sich B. dem Gläubiger G. gegenüber verbürgt. Es stirbt B. und wird von G. beerbt.

c) Es war für den S. außer dem B. noch C. als Bürge eingetreten; und dieser beerbt nun zusammen mit G. den B.

d) In dem gleichen Falle, wie unter c), traf der eine Bürge B. mit G. ein Abkommen, wonach G. dem B. gegen gewisse Leistungen seine Forderung an S. cedierte.

10. Wie steht es mit rechtlicher Natur und Wirksamkeit dieser Verabredungen?

a) Der Gläubiger A. durchstreicht die bisherige Unterschrift einer ihm zustehenden Schuldurkunde in Gegenwart des Ausstellers B. und des C.; und letzterer setzt auf vorherige Aufforderung seinen Namen an die Stelle des B.

b) Zwischen Gläubiger und Schuldner fand nach geleisteten Abschlagszahlungen eine Abrechnung statt, wobei sich ein Schuldrest ergab, auf den der Schuldner eine neue Schuldurkunde gegen Rückgabe und Vernichtung der alten ausstellte.

c) R. und S. vereinbaren, daß S. anstatt des aus einem Darlehn geschuldeten Geldes demnächst Feldarbeiten auf dem Gute des R. übernehmen und erledigen solle. Ehe das geschieht, beschließen sie auf das Neue, daß der eben erwähnte Vertrag wieder aufgehoben sein soll.

d) Durch Übereinkunft zwischen dem P. M. und der A. S.

wurde das zwischen ihnen früher geschlossene Eheverlöbnis als ungültig wieder aufgehoben; dabei machte sich P. M. verbindlich, daß er der A. S. als Entschädigung 2500 ℳ bezahlen werde.

11. Die Kaufleute Ungerer und Rieckher standen bezüglich ihrer Handelsgeschäfte in laufender Rechnung. Bei Abschluß des Kontokorrentes ergab sich zu gunsten des Ungerer ein Saldo von 3600 ℳ, für welchen sich der Schwiegervater des Rieckher, der Schiffer Gervig, verbürgte.

Als Gervig später wegen Insolvenz seines Schwiegersohnes von Ungerer verklagt wurde, machte sein Anwalt geltend, daß Gervig nicht mehr hafte, weil nach der Verbürgung die beiden Kaufleute weiterhin in Geschäftsverbindung verblieben seien, dabei jener Saldo in die später laufende Rechnung übertragen worden und hierdurch die alte Verbindlichkeit aufgehoben und eine neue an die Stelle getreten sei.

Quid iuris?

12. Der Gastwirt Dörner hatte von seiner Mutter mehrere Grundstücke gekauft und war dafür 14 600 ℳ schuldig geblieben. Bei dem Tode der Mutter erfolgte zwischen ihm und seinen drei Geschwistern ein Erbteilungsrezeß, wonach es jedem Kind rund 8000 ℳ trug. Dem Dörner wurde dabei seine rückständige Schuld überwiesen, mit der Maßgabe, daß er jedem seiner Geschwister 2200 ℳ demnächst bar auszuzahlen habe.

Welche juristischen Begriffe haben im vorstehenden Anwendung gefunden?

XXVIII

Bruns, Font. iur. n. 48.

1. Von welchen juristischen Begriffen ist im folgenden die Rede?

a) Man erzählt von Anselm Rothschild in Frankfurt a. M., daß er seinem nach Berlin zu einem Winteraufenthalt reisenden Sohne eine Anweisung an seinen dortigen Geschäftsfreund „auf unbegrenzten Kredit“ mitgegeben. Als aber der junge Rothschild stets gesteigerte, ungeheure Summen zur

Deckung von Spielverlusten gefordert, so habe das Berliner Haus ihn hingehalten und zuvor in Frankfurt angefragt. Worauf der alte Anselm persönlich in Berlin erschien, jenem Hause wegen der Nichtachtung der gegebenen Anweisung alle weitere Verbindung kündigte, seinen Sohn freilich unter den geflügelten Worten mit sich nahm: „Rothschild kann sich alles erlauben, zu spielen aber nicht.“

b) Ein Gutsverwalter war in mißliche Verhältnisse geraten. Sein Sohn machte sich verbindlich, den Passivrezeß, wie dieser mit seinem Vater in der Schlußrechnung werde festgesetzt werden, zu berichtigen.

c) B. hatte unter einen Schuldschein geschrieben: Für die obige Schuld des S. an G. übernehme ich volle Garantie, jedoch nur auf die Dauer eines Jahres.

d) X. versprach dem Y.: Wofern Dir Z. die schuldigen 500 *M* nicht pünktlich bezahlt, werde ich Dir mein Reitpferd geben.

e) Die M. kauft Waren von P. auf Borg, um sie ihrem Bruder Q. zu geben, welcher bei P. keinen Kredit genießt, jedoch verspricht, ihr, der M., am Zahltage das Geld zur Verfügung zu stellen.

f) Der G. cediert dem C. eine Forderung an den S. und garantiert dabei, daß S. pünktlich zahlen werde.

g) Ein Reisender wird von einem Geschäftshause engagiert. Sein Vater macht sich anheischig, für alle etwa dem Hause aus der Geschäftsthätigkeit seines Sohnes erwachsenden Ansprüche voll einzustehen.

2. S. möchte von G. Geld aufnehmen und erbietet sich, seinen Bruder A. als Bürgen zu stellen. Der G. will aber mit A. nichts zu thun haben und ist deshalb nur geneigt, dem S. den Kredit zu bewilligen, wenn B. für den S. Sicherheit übernimmt.

Darauf bereden A. und S. den B., solches zu thun, indem A. ihm Schadloshaltung im Falle der späteren Insolvenz des S. verspricht.

Hiernach kommen die vorgesehenen Geschäfte zu stande. Welche Rechtsverhältnisse und *actiones* sind begründet?

3. Wie unterscheidet sich der in SCHILLERS „Bürgschaft" behandelte Thatbestand von den verschiedenen Arten der Verbürgung des römischen Obligationenrechtes?

4. SUETONIUS erzählt von der Fürsorge des Kaisers Claudius zur Zeit einer in Rom herrschenden Hungersnot und berichtet dabei von verschiedenen Mitteln, die er zur Hebung der Getreideeinfuhr ergriffen; im besonderen wurden den Erbauern von Transportschiffen direkte Vorteile versprochen und mit Getreidehändlern besondere Verträge abgeschlossen, deren Inhalt der Historiker dahin wiedergiebt: „nam et negotiatoribus certa lucra proposuit, suscepto in se damno, si cui quid per tempestates accidisset."

Welche begriffliche Abweichung ist in einer solchen promissio indemnitatis (cf. l. 8 § 1 D. ad S.C. Velleianum 16, 1) gegenüber der fideiussio und den anderen Arten der Verpflichtung eines Bürgen gegeben?

5. E. hat sich für eine Darlehnsschuld seines Bruders F. bei G. verbürgt. Von G. auf Zahlung belangt, schützt E. vor, daß F. zur Zeit der Eingehung der Darlehnsschuld sich noch in der Gewalt ihres gemeinsamen Vaters befunden habe. G. erwidert, daß F. nach erfolgtem Austritte aus der patria potestas die Darlehnsschuld anerkannt habe.

Wie ist begründetermaßen zu entscheiden?

L. 9 § 3 D. de S.C. Macedoniano (14, 6); — § 5 I. de fideiussoribus (3, 21); — l. 19 D. de exceptionibus (44, 1).

6. Zwei Brüder kaufen zusammen eine Sache für 200 ℳ und bleiben das Kaufgeld schuldig, indem sie sich einer für des andern Schuld verbürgen.

Fragen:

a) In welcher Art kommen hier die verschiedenen Rechtswohlthaten der Bürgen in Betracht?
b) Wie wäre es, wenn in solcher Weise zwei Schwestern aufgetreten wären?
c) Oder, falls Bruder und Schwester, wie angegeben, verfahren hätten?
d) Oder, wenn es drei Brüder (— oder Schwestern, — oder gemischt) gewesen wären?

XXIX

Bruns, Font. iur. n. 23. — n. 21.

1. Einem Juristen geht nachstehende Anfrage zu:

„Kann ich eine Dame, die mir ein Eheversprechen (Jawort) gegeben hat (durch Zeugen nachweisbar), und in ihren Briefen unter anderen folgende Sätze geschrieben hat: „Ich bleibe Dir treu, so lange Du es wünschest;" — „Ich werde mein Wort nie widerrufen;" — „Wenn ich es durchaus wünsche, wird die Mutter ihr Jawort nicht verweigern;" — auf gerichtlichem Wege bei Wort oder zur Entschädigung anhalten? Die Dame ist 19 Jahr alt und steht unter dem Schutze eines Vormundes, dessen Jawort ich auch erhalten habe; aber die Zustimmung der Mutter ist mir verweigert worden, und darum hat die junge Dame ihr Wort jetzt auch zurückgenommen."

Von welcher Art der römischen *sponsalia* ist hier die Rede? Wie würde ein römischer Jurist der republikanischen, klassischen oder justinianischen Zeit den Liebenden haben bescheiden müssen?

2. Aus Huber, Geschichte des Schweizerischen Privatrechtes:

„Das frühere Mittelalter zeigt uns die Frau in der Hausgewalt ihres Ehemannes. Die Ehe hatte einen Wechsel der Mundialgewalt über die Tochter zur Folge, sie trat als Ehefrau aus der Hausgewalt des Vaters in diejenige des Ehemannes über. . . Nur in einem Falle muß [bei den Burgundern und Alemannen] nach den Urkunden ein Eheschluß stattgefunden haben, ohne daß das Mundium über die Frau durch den Gatten erworben wurde, nämlich wenn die Sohnsfrau in das Haus des Vaters des Ehemannes, oder der Ehemann in das Haus des Vaters der Frau eintrat. — In der Regel erwarb der Ehemann das Mundium über die Frau durch ein Kaufgeschäft. . . Von einem Konsense der Frau ist freilich keine Rede. . . Die Kinder

der solcher Weise verkauften Tochter wurden die ehelichen Kinder des Ehemannes, fielen in dessen Mundgewalt und erhielten in dessen Hause ein gesichertes Erbrecht. — Sobald der Preis bezahlt war, galt auch die Ehe als geschlossen. Das war die *desponsatio,* die Verlobung, und wer eine verlobte Tochter einem andern gab, oder die Braut eines andern raubte, brach dem Käufer die Ehe. Sollte die Braut aber wirkliche Ehefrau des Mannes werden, so mußte auf diese *desponsatio* noch die Übergabe der Frau, die *traditio puellae,* die Investitur erfolgen, und diese, als die Trauung, die sicher stets mit gewissen Gebräuchen feierlich ausgestattet war, machte den Ehemann erst zum wirklichen Gewaltherrn seiner Frau und diese selbst zur Angehörigen des ehemännlichen Hauses."

Wie verhalten sich diese Grundsätze germanischen Rechtes zu denjenigen des römischen Familienrechtes innerhalb seiner Entwickelung?

3. Unter welche Begriffe des römischen Rechtes würde man die folgenden Thatbestände zu bringen haben? Und würden die angeführten Handlungen und Verhältnisse auf den verschiedenen Stufen der römischen Geschichte rechtlich gestattet und wirksam gewesen sein?

a) Der Graf Leicester entführte 1576 Miß Emma Robsart, die achtzehnjährige Tochter eines Cornwalliser Edelmannes, der sie mit Edmund Tressilian verlobt hatte, — ließ sich heimlich mit ihr trauen und verbrachte sie nach dem ihm gehörigen Herrensitze bei Cunmor, woselbst er sie vor aller Welt verborgen hielt.

(Nach Walter Scott, Kenilworth.)

b) Der letzte Kurfürst von Mainz hatte bei seiner Residenzstadt einen prächtigen Lustgarten, die *Favorite,* angelegt, auf den er sehr stolz war. „Haben Sie schon meine *Favorite* gesehen", fragte er einige französische Adlige, die vor der Revolution geflüchtet waren, bei deren Vorstellung. „Wir waren heute bei ihr zum Frühstücke geladen", antwortete einer von ihnen.

(Aus König, Die Klubisten in Mainz.)

c) Thatbestand aus Goethes Stella: Fernando, vermählt mit Cäcilie, die ihm eine Tochter geboren hat, knüpft ein

Liebesverhältnis mit Stella an, die von seiner Ehe nichts weiß. Er verläßt seine Familie insgeheim und wohnt mit Stella jahrelang zusammen.

d) Der Graf Ernst von Gleichen, welcher mit Ottilie von Orlamünde verheiratet war, zog 1228 mit Ludwig dem Heiligen im Kreuzzuge in das gelobte Land. Er geriet in Gefangenschaft des Paschas von Egypten, bis dessen Tochter Melechsala ihn befreite und als seine Gemahlin mit in seine Heimat zog. Seine erste Gattin empfing ihn und seine Retterin mit Freuden, und beide Frauen lebten mit dem Ritter friedlich und bei einander.

e) Heinrich VIII. von England (1509—1547) war mit Katharina von Arragonien vermählt, als er ein Verhältnis mit Anna Boleyn einging, jene Ehe, trotz des Widerspruches des Papstes, durch das Parlament für geschieden erklärte und seine Geliebte heiratete. Sie wurde die Mutter der Königin Elisabeth (1558—1603). Aber ihr folgten noch vier Frauen in Heinrichs Ehe, wozu ihm teils Scheidung — einseitige oder vereinbarte — teils Hinrichtung den Weg bahnte.

f) Kaiser Maximilian (1493—1519) war 1490 insgeheim und durch Prokuratur mit Anna von Bretagne ehelich getraut worden. Maximilian wollte sich der Unauflöslichkeit dieser ehelichen Verbindung versichern und den Mangel der leiblichen Konsummation während seiner Abwesenheit durch eine besondere Feierlichkeit ersetzen. „On mit la jeune mariée au lit, et l'ambassadeur autrichien, tenant à la main la procuration de son maitre, introduisit sa jambe nue jusqu'au genou dans la couche nuptiale.“ Anna nannte sich nunmehr Römische Königin. Aber am 6. Dezember 1491 reichte sie ihre Hand Karl VIII., König von Frankreich.

(Göschel, Zerstreute Blätter aus den Hand- und Hülfsakten eines Juristen.)

4. „Sind Sie verheiratet?“ fragte ein Amtsrichter einen Zeugen. „Ich nicht, aber meine Frau ist es,“ antwortete dieser. — Er hatte thatsächlich nicht Unrecht. Aber wie war das näher gemeint? Von welchen Instituten des römischen, kanonischen und heutigen Civilrechtes war dabei Gebrauch gemacht worden; — unter welchen sachlichen Voraussetzungen war jener Thatbestand nach den genannten Rechtssystemen realisierbar, — und welche Formalitäten waren nach ihnen jeweilig zu wahren?

5. Ein junger Ehemann klagt einem juristischen Freunde seine Not. Er sei so unvorsichtig gewesen, seine Schwiegermutter zum Besuche seiner jungen Häuslichkeit einzuladen; diese habe ihm aber sein Heim so unglücklich gemacht, daß es schließlich zu einer Szene gekommen sei, in der er sie des Hauses verwiesen; nun habe aber seine Frau erklärt, daß sie dann bis zum Schlusse des Vierteljahres, auf welches die Einladung gelautet, ihre Mutter begleiten werde.

Welche juristischen Erwägungen und rechtlichen Folgen lassen sich an diesen Thatbestand anknüpfen?

XXX

1. Der Bruder (B.) einer Braut (A.) hat dem Bräutigam (C.) unter dessen Annahme, aber ohne Wahrung von Formalitäten versprochen, ihm ein dem B. gehöriges Landgut als Mitgift zu bestellen.

Ist dieses Versprechen nach römischem Rechte verbindlich?

2. Wenn das Landgut der A. gehört, und diese es dem C. als Brautgabe mitbringt, ist dieses gültig? Macht es einen Unterschied, ob die Zuwendung an den C. unter Brautleuten oder inter virum et uxorem geschah, — l. 1 D. de donat. i. v. e. u. (24, 1)?

3. Wer ist, wenn das Gut nach der Eheschließung dem C. übergeben wird, der Eigentümer, und wer ist der Nutznießer? Wer hat die Befugnis, das Landgut zu verkaufen? oder eine Hypothek darauf zu legen?

4. An wen ist im Falle 1. beim Tode der Ehefrau (A.) das Landgut herauszugeben? An wen im Falle 2.? Wie ist es, wenn der Ehemann stirbt?

5. Die Ehe ist durch Scheidung gelöst worden. Kann die Frau das Gut für sich fordern? *Quanam actione?*

6. Vor kurzem ist im Hannöverschen in einem Garten, der

nach dem dort geltenden römischen Rechte als Mitgift bestellt worden war, durch einen Erdarbeiter ein bedeutender Münzenfund gemacht worden. Es sind 2300 Stück Brakteaten aus dem 12. und 13. Jahrhundert, darunter solche von Wilhelm von Lüneburg, dem Sohne Heinrichs des Löwen und Vater Ottos des Kindes, welcher 1184 geboren und 1213 gestorben, von Bernhard von Anhalt, welcher 1180 die nordischen Sachsenlande des Löwen als Lehn erhielt, und mehrerer märkischer Dynastien. Der Fund wird etwa um 1220 begraben sein.

Wer hat nun ein Anrecht auf diesen Fund?

7. Ein Ehemann hat während seiner Verwaltung mit großen Kosten einen Damm aufwerfen lassen, um das Gut vor einer unmittelbar drohenden Überschwemmung zu sichern.

Kann er die Kosten ersetzt verlangen, wann und mit welchen Rechtsmitteln?

8. Er hat Verbesserungen an den Bewässerungsanstalten der Wiesen getroffen; sowie den Garten am Hause durch Blumenanpflanzungen verschönert.

Wie steht es mit seinen Ersatzansprüchen?

9. *Entwurf eines Bürgerlichen Gesetzbuches für das Deutsche Reich (1895).*

Möglichkeit der Gütertrennung.

„§ 1410. Der Mann hat den ehelichen Aufwand zu tragen. — Zur Bestreitung des ehelichen Aufwandes hat die Frau dem Manne einen angemessenen Beitrag aus den Einkünften ihres Vermögens und dem Ertrag ihrer Arbeit oder eines von ihr selbständig betriebenen Erwerbsgeschäftes zu leisten. . .“

„§ 1412. Macht die Frau zur Bestreitung des ehelichen Aufwandes aus ihrem Vermögen eine Aufwendung oder überläßt sie dem Manne zu diesem Zwecke etwas aus ihrem Vermögen, so ist im Zweifel anzunehmen, daß die Absicht fehlt, Ersatz zu verlangen.“

Worin unterscheiden sich diese Bestimmungen von den Grundsätzen des römischen ehelichen Güterrechtes?

S. auch l. 32 § 2 D. de condictione indebiti (12, 6).

10. „. . . Als Thornhill sah, daß er nach allen Seiten verloren, und nichts mehr von Schmeichelei oder Verstellung zu erhoffen war, hielt er es für den besten Ausweg, sich gegen seine Feinde zu wenden und ihnen die Spitze zu bieten. Ich sehe wohl, sagte er, daß ich hier keine Gerechtigkeit erwarten darf, aber werden soll sie mir doch. Nichts kann mir das Vermögen meiner seitherigen Braut entziehen, welches, dank der Sorglichkeit ihres Vaters, ziemlich groß ist. Der Ehekontrakt und die Verschreibung über das Vermögen des Fräulein Wilmot sind unterzeichnet und in meinem sicheren Besitz. Ihr Vermögen, nicht ihre Person, bewog mich, die Heirat zu wünschen; und da ich das eine habe, mag das andere nehmen, wer da will . . . Jetzt trat Herr Wilmot herein und schien nicht wenig erfreut, daß seine Tochter noch eben der Gefahr entgangen war. Er gab bereitwillig seine Einwilligung zur Aufhebung der beabsichtigten Heirat, geriet aber in die größte Bestürzung, als er erfuhr, daß Herr Thornhill das ihm urkundlich verschriebene Vermögen nicht herausgeben wollte."

(Aus Goldsmith, Der Landprediger von Wakefield.)

Fragen:

a) Würde die erwähnte Bestellung der Mitgift nach römischem Rechte gültig vorgenommen sein?

b) War es juristisch begründet, daß der Squire das ihm als Mitgift verschriebene Vermögen als das seinige behalten durfte?

c) Wie stand es, wenn die Ehe wirklich geschlossen gewesen und dann gerichtlich geschieden worden wäre; und zwar: wenn die Braut aus eigenem mütterlichen Vermögen die Mitgift bestellt hätte, — oder wenn ihr Vater solche aus dem seinigen hergegeben?

11. Als die Frau des Glossators Bulgarus, der um die Mitte des 12. Jahrhunderts zu Bologna lebte, mit Hinterlassung dreier Kinder gestorben war, fragte sein Schwiegervater den Martinus, einen litterarischen Gegner des Bulgarus, um Rat darüber, ob er die seiner Tochter mitgegebene Dos herausfordern könnte. Martinus antwortete: Wäre ich der Ehemann, so würde ich nach den von mir gelehrten Rechtsgrundsätzen die Dos behalten; aber Bulgarus muß sie herausgeben, denn er hat diese Lehre stets verteidigt, und wenn er es nicht thut, so werde ich ihn übel an den Pranger stellen. — Bulgarus gab jedoch die Dos sofort freiwillig heraus.

Es sind folgende Fragen zu beantworten:

a) Wie beschaffen war die hier erwähnte Kontroverse?

b) In welchem Sinne war dieselbe richtiger Weise nach klassischem römischen Rechte zu schlichten; — und zwar einmal unter der Voraussetzung, daß der Besteller der Dos die väterliche Gewalt über die Frau des BULGARUS gehabt hatte, — sodann unter der Annahme, daß es sich um einen Stiefvater derselben gehandelt?

c) Was für eine Entscheidung ist nach justinianischem Rechte zu treffen; — und zwar wieder unter Berücksichtigung der doppelten eben angegebenen Möglichkeit?

12. Wie sind folgende Mitgiftbestellungen juristisch zu bestimmen? Und wie steht es dabei mit der Restitution bei Auflösung der Ehe?

a) Die Ehefrau bestellt an ihrem Grundstücke dem Manne den Nießbrauch.

b) Nachdem das sub a) geschehen, veräußert sie das Grundstück an einen Dritten.

c) Von der Frau wird auf einen ihr am Grundstücke des Gatten zustehenden Nießbrauch im Sinne einer Dotalzuwendung verzichtet.

d) Es hat die Frau dem Ehemanne die Ausübung eines an dem Grundstücke eines Dritten zustehenden Nießbrauches als Mitgift überlassen.

e) Ein Bruder der Frau hat einen Nießbrauch dotis constituendae causa bestellt: entweder an seinem, des Bruders, Grundstück; — oder er wird von dem Bruder aufgegeben zu gunsten des Ehemannes, an dessen Grundstück der usus fructus bestand; — oder der Bruder hat einen ihm an einem dritten Grundstück zustehenden Nießbrauch dem Ehemanne überlassen.

13. Wer trägt die Gefahr von Geldforderungen, welche Bestandteile einer Dos sind, wenn der Schuldner insolvent ist und

a) diese Forderungen bei Beginn der Ehe der Frau zustanden, welche sie ihrem Manne als Mitgift überwiesen?

b) oder es sich um Forderungen handelt, welche der Ehemann bei der Verwaltung des Dotalgutes aufgenommen hat?

c) oder wenn er die sub a) erwähnten Forderungen eingetrieben und das so erlangte Geld wieder ausgeliehen hat?

14. Es hat Theuropides seinem Schwiegersohne Philolaches einen Weinberg als Dos vermacht. Von diesem Weinberge besaß aber Simo einen größeren Teil usucapionsmäßig; und da sich Philolaches nicht ordentlich um die Sache bekümmert, vollendet Simo die Ersitzungszeit unbehelligt.

a) Wie steht es nunmehr mit dem Eigentumsrechte an dem Weinberge?

b) Wie wäre es, wenn Philolaches den Weinberg dem Simo verkauft hätte, ohne diesem von der Dotaleigenschaft des Grundstückes etwas mitzuteilen, und Simo nun den Berg zehn Jahre lang gutgläubig besitzt?

15. Der stellenlose Kaufmann Lindner hat sich mit seiner Ehefrau bei dem Schneider Neumann eingemietet und diesem, da er von Barmitteln ganz entblößt war, für längeren Ausstand des Mietgeldes seine Möbel verpfändet. Lindner entfernt sich bald darauf heimlich. Seine Frau bleibt noch einige Zeit wohnen und nimmt von Neumann Darlehn bis zu 700 ℳ auf.

Als nun Neumann Zahlung der Miete und des Darlehns fordert und sich an die Möbel halten will, widerspricht dem Frau Lindner, weil die Möbel zu ihrer mitgebrachten Ausstattung gehörten und diese wegen der Zahlungsunfähigkeit ihres Mannes jetzt wieder ihr zuständen. Worauf Neumann meint, daß sie um so mehr in der Lage sei, ihre Schulden zu zu bezahlen, die sie doch auch als eigene für sich kontrahiert hätte.

Es sind folgende Stellen nachzusehen: l. 24 D. soluto matrimonio dos quemadmodum petatur (24, 3); — l. 29, 30 C. de I. D. (5, 12). Und ist danach Urteil mit Entscheidungsgründen auszuarbeiten.

XXXI

1. Sind folgende Kinder als eheliche zu erachten?

a) Die Ehe ist am 10. März 1895 geschlossen; am 16. September 1895 hat die Ehefrau einen Sohn geboren.

b) Oder: Das Kind ist am 16. August 1895 zur Welt gekommen.

c) Die Frau eines Seemannes, welcher drei Jahre lang im Auslande weilte, ist im Laufe des zweiten Jahres mit einem Kinde niedergekommen.

d) Ein Ehemann behauptet, mit seiner jetzt entbundenen Gattin seit Jahresfrist keinen Umgang gepflogen zu haben; was er zu beschwören bereit ist.

e) Oder: Er wirft der Ehefrau vor, daß sie mit einem anderen Manne Ehebruch getrieben habe.

f) Von einem im siebenten Monate nach Eingehung der Ehe geborenen Kinde glaubt der Mann, daß es nicht von ihm herrühre, weil es ein vollständig ausgetragenes und nach dem Reifegrade als ein neun Monate altes Kind anzunehmen sei.

2. Unsere Standesämter bedienen sich folgenden Formulares:

„Vor dem unterzeichneten Standesbeamten erschien heute ... (der ...) und zeigte an, daß von der ... (seiner Ehefrau) wohnhaft (bei ihm) zu ... (in seiner Wohnung) am ... ein Kind ... Geschlechts geboren worden sei ...“

(Die eingeklammerten Worte gehören zu konkreter Ausfüllung.)

Wird hierdurch die Ehelichkeit des angemeldeten Kindes bewiesen oder festgestellt oder anerkannt?

3. *C. 14 X. qui filii sint legitimi (4, 17):*

„Ex tenore litterarum vestrarum nobis innotuit, quod cum G. viduam hereditatem quondam R. mariti sui sibi et pupillo filio suo restitui postularet, pars adversa petitionem eius excluderet, pro eo quod R. maritum ipsius viduae de adulterio genitum asserebat: [Et infra] Intelligentes quod pater praedicti R. matrem ipsius in faciem ecclesiae ignaram, quod ipse aliam sibi matrimonialiter copulasset, duxerit in uxorem; et dum ipsa coniux ipsius legitima putaretur, dictum R. suscepit ex eadem, in favorem prolis potius declinamus, memoratum R. legitimum reputantes.“ — (C. an. 1213.)

a) Wie ist der in der Stelle behandelte Thatbestand zu fassen?

b) Welcher Rechtssatz ist in dem Decretale neu aufgestellt?

c) Was für rechtliche Folgen knüpfen sich nun an die getroffene Entscheidung — und zwar sowohl inter vivos, als mortis causa?

4. Der am 13. August 1873 zu Genf verstorbene frühere

Herzog Karl von Braunschweig, der 1830 aus seinem Lande verjagt worden war, hatte 1825 die Tochter des Admirals Colville aus ihrem elterlichen Hause zu London entführt und mit ihr in Braunschweig dauernd zusammengelebt, nachdem sie, wie es scheint, in den fälschlichen Glauben gewiegt worden war, sie sei dem Herzog rechtmäßig angetraut. Aus dieser Verbindung wurde eine Tochter geboren, die 1847 den Grafen von Civry in Frankreich heiratete.

Da nach braunschweigischem Rechte uneheliche Kinder nur einen Alimentationsanspruch bis zum 14. Lebensjahre haben, nach französischem Recht dagegen ihnen, wenn sie anerkannt sind, mangels ehelicher Descendenten ihres Erzeugers, neben Geschwistern desselben das Recht auf die halbe Erbschaft zusteht, so klagte die Gräfin nach dem Tode des Herzogs gegen dessen Bruder, Herzog Wilhelm von Braunschweig, als gesetzlichen Erben, auf Anerkennung ihres Kindesverhältnisses: um dann sich die halbe Erbschaft von der unter französischem Rechte lebenden Stadt Genf zu holen, welcher der bare Nachlaß mit nahezu 30 Millionen Francs nach der Bestimmung des Verstorbenen überwiesen worden war.

Es sind folgende Fragen zu beantworten:

a) Wie unterscheiden sich die angeführten Bestimmungen des braunschweigischen und des französischen Rechtes von den entsprechenden Satzungen des römischen Rechtes?

b) Welches ist das Verhältnis des im obigen erhobenen Anspruches zu der *actio* in § 13 I. de actionibus (4, 6)?

c) Würde der klagend geltend gemachte Anspruch nach römischem Rechte begründet sein?

d) Wie stände es mit diesen Fragen, wenn die Marquise de Civry von ihrem Erzeuger in gesetzlicher Weise (wie?) legitimiert worden wäre?

5. Wie sind nachstehende Fälle rechtlich zu behandeln?

a) Ein nahe an der deutschen Grenze wohnender reicher russischer Gutsbesitzer hatte sich trotz seines griechisch-katholischen Glaubens mit einer römisch-katholischen Polin verheiratet. Der Ehe entsprossen drei Töchter, welche auf Verlangen der Mutter römisch-katholisch getauft und erzogen wurden. Auf Grund eines kürzlich erlassenen kaiserlichen Ukas, nach welchem die Kinder in dem Glauben des Vaters zu erziehen sind, forderten die Behörden, daß die drei Töchter zur orthodoxen Religion übertreten sollten. Wahrscheinlich auf Betreiben des dortigen römisch-katholischen Geistlichen ergriffen darauf die jungen Damen, die inzwischen sämtlich großjährig geworden waren, die Flucht, und es gelang ihnen, ohne angehalten zu werden, über Eydtkuhnen deutsches Gebiet zu erreichen. Der Vater wünscht ihre Rückkehr.

b) Bei der Ehescheidnng des Königs Milan von Serbien und der Königin Natalie wurde ihr einziges Kind dem Vater zugesprochen. Die Mutter flüchtete mit dem Prinzen, nahm in Wiesbaden mit ihm Wohnsitz und weigerte sich, ihn herauszugeben.

c) Während eines Scheidungsprozesses, in dem die erste Instanz das aus der betreffenden Ehe stammende Kind der Mutter zugesprochen hatte, starb das Kind, ehe über die vom Vater eingelegte Berufung entschieden war. Nun beanspruchten beide Gatten das Recht für sich, das Kind in der eigenen Familiengruft zu beerdigen.

6. Wie steht es in den kommenden Thatbeständen mit der Verpflichtung zur Reichung des Lebensunterhaltes?

a) Eine Ehe ist gerichtlich geschieden worden, und die Kinder sind der Mutter, als dem unschuldigen Teile, zugesprochen worden.

b) Es hinterläßt jemand bei seinem Tode eine Witwe und drei Kinder, von denen das älteste ein selbständiger und wohlhabender Kaufmann ist, die zweite Tochter auskömmlich verheiratet lebt, während der Witwe mit dem jüngsten Mädchen, einem Kinde von 8 Jahren, Subsistenzmittel nicht zu Gebote stehen.

c) In Hamburg starb im August 1892 ein Ehepaar an der Cholera, mit Hinterlassung von fünf bedürftigen Kindern. Es lebten die Großmutter väterlicher Seite und die beiden Eltern der Mutter.

7. Ein reicher Bauer, welcher mit seiner Frau einen Ehescheidungsprozeß führte, kam auch mit seinem 23jährigen Sohne, der seither bei dem Vater in dessen Beruf thätig gewesen, in Streit. Der Vater verlangte nun, daß der Sohn das Haus verlasse, weil er ungehorsam und widerspenstig sei und er sich als gesunder Mensch sehr wohl verdingen und seinen eigenen Unterhalt verdienen könne. Der Sohn bestritt die Verpflichtung zum Verlassen des elterlichen Hauses und behauptete, er müsse zum Schutze seiner, Mißhandlungen ausgesetzten, Mutter im Hause verbleiben.

Wie ist zu erkennen?

XXXII

1. Welche Rechtsakte liegen in folgenden Fällen vor? Welche Rechtsformen sind nach römischem Recht für diese Akte erforderlich? Was für rechtliche Wirkungen sind mit ihnen verknüpft?

a) Ein kinderloses Ehepaar nimmt eine verwandte Waise an Kindes Statt an.

b) Oder ein Kind armer Leute bei deren Lebzeiten.

c) Sie nehmen es in ihr Haus, damit es dort aufwachse und für seine Erziehung gesorgt werde.

d) Der auswandernde Vater giebt sein Kind seinem Vater in patria potestas.

e) Der Vater entläßt die sich verheiratende Tochter oder den großjährigen, sich selbständig niederlassenden Sohn aus der Gewalt.

f) Rechtsbuch nach Distinctionen I, 24 § 3: Had eyn man unde wip kinder, dy unrecht zcusammene komen sin, unde had daz wip sinth zcu der ee genomen, dy kinder, dy sy vor hatten, dy nemen keyn erbeteyl, unde bliben unelich; zcu lantrechte unde zcu wichbilde. Abir zcu bebistlichen gesecoze zcweyget sich daz unde ouch noch Keyserrechte, also vor beschreben steth in deme capittele von der geborth.

2. Wie sind nachstehende Thatbestände rechtlich zu beurteilen? Was ist über deren Zulässigkeit und Rechtsfolgen zu bemerken?

a) Ein römischer Bürger verheiratete seine Tochter. Der Ehe entstammten zwei Töchter und ein Sohn.

b) Eine freigelassene Sklavin kaufte ihr noch in Sklaverei befindliches Kind. Dann ließ sie es frei.

c) Von einem unverheirateten Fräulein wird bei dem landesherrlichen Kabinett ein Gesuch eingereicht, daß sie die zwei minderjährigen Kinder ihres verstorbenen Bruders als ihre Kinder annehmen dürfe; womit der Vormund der Kinder einverstanden sei.

d) Es will jemand sein uneheliches Kind als sein rechtes Kind adoptieren.

e) Sogenannte adoptio per testamentum: Mein Neffe (Sohn meiner Schwester) soll mich beerben, wenn er von nun ab als mein Kind gelten und meinen Namen annehmen will.

3. Ein in väterlicher Gewalt stehender deutscher Reisender fällt in Ostafrika in die Hände arabischer Sklavenhändler und wird als Sklave verkauft.

An welche Bestimmungen des römischen Rechtes würde die Beurteilnng dieses Falles sich analog anlehnen können? Und wie ist über ihn richtiger Weise zu entscheiden?

4. *Die Konstitutionen des Kurfürsten August von Sachsen von 1572, P. II c. 10:* „. . Bey diesem Gebrauche lassen wir es auch nochmals bleiben, und wollen, daß solcher Gewohnheit nach, auch Kraft dieser *Constitution* in unseren Gerichten erkannt werden soll, nemlich, da sich Kinder, so zu ihren mündigen Jahren kommen, von dem Vater mit Anstellung ihrer eigenen Haushaltung und Nahrung scheiden, daß alsdann solches für eine *Emancipation* zu achten, und derselben Würckung haben soll, ungeachtet, obgleich solche *Emancipation* anderer Gestalt, und für Gerichte nicht geschehen und fürgenommen würde."

Dazu erläuternde *Consultationes*: „. . daß die väterliche Gewalt auch nach sächsischen Rechten statt habe, es befände sich denn gewißlich, daß die Väter ihre Kinder solcher Gewalt insonderheit erlassen und lösgezählt, welches geschieht etwa *in iudicio*, oder aber *in personis filiarum* durch die eheliche Ausstattung."

Das hier sanktionierte deutsche Gewohnheitsrecht bedeutet eine bekannte Abänderung der einschlägigen Sätze des römischen Rechtes. Es fragt sich hiernach, ob die väterliche Gewalt in folgenden Fällen endigt?

a) Eine unverheiratete Tochter errichtet ein Putzgeschäft.

b) Ein junger Kaufmann über 21 Jahre übernimmt eine mit Gehalt verbundene Stelle als Kommis in einem Handlungshause.

c) Sohn oder Tochter verheiraten sich, bleiben aber im väterlichen Hause wohnen und in der dortigen Wirtschaft thätig.

d) Ein Bauernsohn wandert mit 25 Jahren ohne Bewilligung seiner Eltern nach Amerika aus.

e) Nach bestandener Prüfung erfolgt die Ernennung jemandes zum Referendar oder zum Gerichtsassessor.

5. Der Sohn eines mecklenburgischen Gutsbesitzers ist im Februar 1893 zum Secondelieutenant im K. preußischen in Potsdam garnisonierenden Garde-Husaren-Regiment ernannt worden. Im November 1894 hat er, im Alter von 22 Jahren, einen Schuldschein über 5000 ℳ für ein von ihm aufgenommenes Darlehn ausgestellt. Er beruft sich jetzt auf ein bekanntes römisches Gesetz über Unverbindlichkeit gewisser Darlehn.

Welches ist gemeint? Ist der Einwand begründet?

6. Ein Privatmann hatte durch landesherrliches Reskript ein Mädchen, dessen beide Eltern gestorben waren, an Kindes Statt angenommen. Dasselbe verheiratete sich späterhin und verstarb mit Hinterlassung eines Kindes. Bald darauf ging auch der Privatmann mit Tod ab; und es meldeten sich nun jenes Kind und ein entfernter Seitenverwandter des Erblassers als gesetzliche Erben.

Wer ist von den Prätendenten im Rechte?

---

7. Egeus:

Verdrusses voll erschein' ich, und verklage
Mein Kind hier, meine Tochter Hermia . . . .
Verspricht sie hier vor Eurer Hoheit nicht
Sich dem Demetrius zur Eh, so fordr' ich

Das alte Bürgerrecht von Athen,
Mit ihr, wie sie mein eigen ist, zu schalten.
Dann übergeb' ich diesem Manne sie,
Wo nicht, dem Tode, welchen unverzüglich
In diesem Falle das Gesetz verhängt.
(SHAKESPEARE, Ein Sommernachtstraum I, 1.)

Steht das hier erwähnte Recht dem Vater (— oder der Mutter?) auch nach älterem römischem Rechte oder nach den Sätzen des corpus iuris civilis zu? Giebt es entsprechende Bestimmungen im heutigen Reichsrechte über die Eheschließung?

8. Wie ist „der Wechsel", den ein Student von Hause gesendet bekommt, juristisch zu charakterisieren?

Ist dabei die rechtliche Struktur die gleiche, wenn der Vater aus Zinsen des mütterlichen Erbteiles des Studierenden diesem Geld sendet, — oder umgekehrt, die Mutter aus dem von ihr verwalteten väterlichen Erbe des Sohnes, — oder endlich der Vormund des jungen Mannes aus der Erbschaft von dessen Eltern?

9. Ein bejahrter Gutsbesitzer schloß mit seinen beiden erwachsenen Söhnen, die bei ihm im Hause lebten, einen Vertrag ab, wonach er ihnen sein Gut schon jetzt gegen die Auflage seiner vollen Verpflegung überließ und auch auf Verwaltung und Nutzung des in seinen Händen befindlichen mütterlichen Vermögens der Kinder verzichtete.

Nachmals will er den Vertrag wegen der zwischen beiden Teilen noch bestandenen rechtlichen Personeneinheit nicht gelten lassen.

Wie ist darüber nach römischem Rechte zu urteilen?

10. Würde es nicht einen bedeutsamen Unterschied ausmachen, wenn im vorigen Rechtsfalle nicht der Gutsbesitzer, sondern dessen Witwe den Vertrag mit ihren Söhnen abgeschlossen hätte?

Im besonderen: wenn die beiden Söhne noch minderjährig gewesen wären und unter der Vormundschaft eines älteren Freundes gestanden hätten, welcher zu dem Vertrage nicht zugezogen worden war?

11. Ende August 1870 fand ein badischer Grenadier beim Aufwerfen einer Schanze vor Straßburg verschiedene Geldrollen in denen sechs Pfund Silbermünzen mit guter Prägung und der

Jahreszahl 1639 sich befanden; außerdem einen gut erhaltenen goldenen Trauring, der außer den Anfangsbuchstaben zweier Namen (T. und A.) deutlich die Jahreszahl 1630 auswies.

Nun erhob der Großvater, in dessen Familiengewalt der Grenadier stand, Anspruch auf das Gefundene oder dessen Wert; und verlangte namentlich, daß die X., welcher der Soldat den Ring inzwischen geschenkt hatte, denselben wegen Ungültigkeit dieser Schenkung herausgebe.

Was ist von den Ansprüchen zu halten?

12. Ein Mädchen, das noch unter väterlicher Gewalt steht. wird außerehelich geschwängert und kommt mit einem Kinde nieder. Sie belangt ihren Verführer auf die nach heutigem Rechte von ihm geschuldete Alimentation des Kindes. Der uneheliche Vater hinterlegt in Erfüllung jenes Anspruches bei der Sparkasse des Ortes auf den Namen des Kindes eine Summe, die in üblicher Weise verzinst wird.

Es fragt sich nun:

a) Wie ist auf diesen Thatbestand die römische Pekulienlehre anzuwenden? In wessen Vermögen befindet sich also jenes Guthaben nun der Substanz nach? Und wem steht der Genuß und die Zinsenziehung zu?

Cf. § 1 I. per quas personas nobis adquiritur (2, 9).

b) Wer hat Anspruch auf die erwähnte Summe, wenn das Kind später stirbt, die drei im Thatbestande erwähnten Personen aber noch leben; — und zwar einmal, falls es sich um gesetzliche Erbfolge handelt, oder aber, wenn der Verstorbene in gültigem Testamente jemanden zu seinem Universalerben eingesetzt hat?

XXXIII

1. Es hatte ein *civis Romanus* einen Sohn, der noch in seiner Gewalt stand und selbst zwei Kinder hatte; außerdem zwei Enkel, wovon der eine der Sohn eines emanzipierten, inzwischen verstorbenen Sohnes war, der andere dagegen das Kind eines in der *patria potestas* verstorbenen Sohnes.

Wem konnte jener römische Bürger testamentarisch einen *tutor* bestellen?

2. Der Jurist Stryk berichtet von einem Rechtsfalle, in dem ein Graf von Löwenstein seine Söhne im Alter von 15 und 11 Jahren emanzipierte.

Was hatte nun nach römischem Vormundschaftsrecht zu geschehen?

Wie würde sich dies stellen, wenn jener Graf nach zehn Jahren mit Tod abgegangen wäre?

3. Konnte ein Knabe von 13 Jahren nach römischem Rechte in gültiger Weise ohne Mitwirkung des Vormundes

a) eine *stipulatio* abschließen;

b) eine Sache verschenken;

c) eine Erbschaft antreten;

d) eine Forderung cedieren oder einen Erlaßvertrag mit seinem Gläubiger eingehen;

e) für eine ihm zustehende Forderung von seinem Schuldner ein Pfand annehmen?

4. Ein elfjähriges Mädchen hat jemandem eine Sache gestohlen und diese dann beiseite gebracht. Der Tutor weigert sich, diese Handlung durch seine Autorität zu stützen.

Welche *actio* steht in Frage? Wie verhält es sich mit der Möglichkeit ihrer Geltendmachung?

5. Jemand verlangt nach Erlangung der pubertas, daß sein Vormund ihm Rechnung ablege; *quanam actione*?

6. Der Vormund eines kleinen Mädchens hat den Schmuck, den dasselbe von seiner Mutter ererbt hat, verkauft und das Geld sich angeeignet; — Rechtsfolge?

7. Ein Gutsbesitzer (G.) hatte einen Inspektor (J.), der das Gut verwaltete, testamentarisch zum Vormunde seines unmündigen Sohnes (U.) eingesetzt. J. verwaltete das Gut weiter und widmete dem seine ganze Arbeitszeit und Kraft. Wie steht es mit dem erzielten Gewinn und den beiderseitigen Ansprüchen bei der Abrechnung?

8. V. hat Geld seines Mündels M. an S. verzinslich ausgeliehen und dafür den B. zum Bürgen angenommen. S. wird flüchtig, B. ist insolvent. V. wird in Anspruch genommen wegen schuldhafter Geschäftsführung; er behauptet, daß man jenes damals nicht habe voraussehen können.

Actio? — Beweislast?

9. Bei einer Vormundschaftsabrechnung finden sich unter „Ausgaben“ eine Reihe von kostbaren Geschenken, welche der Vormund im Namen des Mündels an Dritte gemacht hat. War der Vormund dazu berechtigt?

10. Ein Vormund hat Grundstücke des Mündels auf acht Jahre verpachtet, obgleich die Vormundschaft schon nach fünf Jahren gesetzlich ihr Ende erreichte.

Welche Rechtsfolgen knüpfen sich unter den beteiligten Personen hieran?

11. Während der Krankheit eines Vormundes über einen unmündigen Knaben hat ein dem elterlichen Hause des letzteren befreundeter Geschäftsmann fällige Schulden des Mündels bezahlt.

An wen kann er sich nun halten, und welche *actio* würde ihm zustehen?

12. Ein Vormund lieh Mündelgelder mit 33 000 ℳ aus und nahm als Sicherheit die erste Hypothek auf ein Haus, das mit 52 000 ℳ geschätzt war, obgleich das Partikularrecht als pupillarische Sicherheit nur Beleihung bis zur Hälfte des Taxwertes gestattete. Bei dem Verkaufe des Pfandes wurden aber nur 25 000 ℳ erzielt; und fragte es sich nunmehr: auf wieviel der Vormund haftete?

13. Bei der Beendigung einer Vormundschaft stellte sich heraus, daß der Vormund schlecht verwaltet, das Mündelvermögen unverantwortlich vergeudet und sogar teilweise in seinen Nutzen verwendet hatte. Er selbst war jetzt insolvent. Es wäre ihm sein Beginnen aber nicht möglich gewesen, wenn nicht der die Obervormundschaft führende Richter seine Amtspflicht vernachlässigt und die vorgeschriebene Kontrolle unterlassen hätte.

Es fragt sich nun: ob der Mündel gegen diesen Richter mit einer Ersatzklage nach römischem Rechte auftreten kann; — wie diese *actio* zu charakterisieren und zu begründen wäre; — und wie es mit der Beweislast hinsichtlich des richterlichen Verschuldens stehe?

Alles zu beantworten aus: § 2 I. de satisdatione tutorum (1, 24); l. 5 D. de confirmando tutore (26, 3); l. 3 § 2 D. de administratione et periculo tutorum (26, 7); l. 1 § 13 D. de magistratibus conveniendis (27, 8); l. 6 D. eod.

XXXIV

1. Ein Vater hinterläßt bei seinem Tode ein wahnsinniges Kind von acht Jahren.

Was gilt hier über die Vormundschaft nach römischem Rechte? Würde es von unterscheidendem Einflusse sein, wenn jenes Kind erst nach des Vaters Tode geisteskrank geworden wäre?

2. Es giebt im römischen Rechte einen Fall, in welchem ein *filius familias* einen *curator* erhalten kann. Derselbe ist nov. 117 c. 1 zu entnehmen und in Verbindung mit dem in unserem § 32 Gelehrten klar zu stellen.

3. Ein zehnjähriges Kind wird von X. zum Erben eingesetzt. Der Vormund des Kindes ist Gläubiger des X.

In welcher Weise wird dieser Fall nach römischem Rechte erledigt?

Wie stände es, wenn erst jetzt ein Gläubiger jenes X. zum Vormunde über den Erben des X. berufen werden sollte?

4. Wie ist in folgenden Fällen dem Pupillen zu helfen:

a) Ein Mädchen von 17 Jahren wird von seinem Stiefvater, der zugleich sein Vormund ist, thätlich beleidigt. (St.G.B. § 194: „Die Verfolgung einer Beleidigung tritt nur auf Antrag ein.“ § 65: „Der Verletzte, welcher das achtzehnte Lebensjahr vollendet hat, ist selbständig zu dem Antrage auf Bestrafung berechtigt. Solange der Verletzte minderjährig ist, hat der gesetzliche Vertreter, unabhängig von der eigenen Befugnis des Verletzten, das Recht, den Antrag zu stellen.“

b) Der Mündel will gegen seinen *tutor* oder gegen seinen *curator* wegen nachlässiger Vermögensverwaltung und bereits geschehener Beschädigung klagen.

c) Ein minderjähriger Haussohn war im Testamente seiner Mutter ungesetzlich (§ 38) übergangen. Sein Vater erkannte trotzdem jenes Testament als rechtsgültig an.

5. Eine minderjährige Kurandin heiratet. Wie steht es nun mit der Vormundschaft?

6. Für einen verschollenen Schiffsmann wird eine *cura* angeordnet. Der Güterpfleger verwaltet das zurückgelassene

Vermögen und schließt dabei Rechtsgeschäfte ab; dann zeigt sich, daß der Kurand damals schon tot war.

Rechtsfolge?

7. Das einem Zwanzigjährigen gehörige Haus war durch den Blitz angezündet worden. Der Vormund hat zwecks Aufbaues Geld aus seinem Vermögen vorgeschossen.

Mit welcher *actio* kann er Ersatz fordern?

8. Ein *pubes minor* hat mit Zustimmung des Vormundes einem Käufer das Kaufgeld gestundet, obgleich die dringendsten Anzeichen von dessen Kreditunwürdigkeit vorlagen. Der Schuldner fällt bald darauf in Konkurs.

Wie steht es hier mit der Haftung des Vormundes?

9. *Reichs-Polizei-Ordnung von 1577, XXXII Titel:* „Von der *Pupillen,* und minderjährigen Kindern *Tutorn,* und Vormündern.

§ 1. Wiewol in gemeinen beschriebenen Rechten ernstlich *disponi*rt, und versehen ist, daß den *Pupillen,* und minderjährigen Kindern von ihren Vormündern, mit allem Fleiß und Ernst fürgestanden, und derselben Nutz und Wolfahrt gesucht und gefürdert werden solle: So befind sich doch vielmals, daß in solchen Sachen von den Vormündern betrüglich, versäumlich, und nicht mit dem Fleiß, wie sie zu thun schuldig, gehandelt würdet, den *Pupillen* und minderjährigen Kindern zu mercklichem Nachtheil und Schaden. Wann aber nun den Obrigkeiten zustehet, in dem gebürlich und billich Einsehens haben, damit die *Pupillen* und minderjährigen Kinder unbetrogen, und unvernachtheilt bleiben: So wollen wir allen und jeden Churfürsten, Fürsten, Prälaten, Grafen, Herrn, von Adel, und *Communen,* hiemit ernstlich aufferlegt, und befohlen haben, in ihren Fürstenthumen, Herrschafften, Obrigkeiten und Gebieten, dermassen Versehung zu thun, und zu verordnen, daß den *Pupillen* und minderjährigen Kindern, jederzeit, biß sie zu ihren Vogtbaren Jahren kommen, Vormünder und Vorsteher, da die ihnen von ihren Eltern in Testamenten, oder letzten Willen, mit verordnet, oder ihre angeborne Freund und Verwandten sich der Vormundschafft, aus rechtmäßigen Ursachen mit unterziehen oder darzu tüglich und geschickt wären, gegeben werden.

§ 2. Daß ein jeglicher Vormünder, er sey gleich in

Testaments weiß verordnet, oder durch das Recht, oder Richter gegeben, sich der Vormundschafft nicht unterziehen soll, die Verwaltung, sey ihme dann zuvor durch die Obrigkeit *decerni*rt und befohlen.

§ 3. Item, daß er nach befohlener Verwaltung, von allen Gütern, liegend und fahrend, Schulden-Brieff, und Registern, ein *Inventarium* aufrichte, und rechtmäßige gnugsame *Caution* und Versicherung thue, auch mit Gelübden und Eyden beladen werde, daß er seinen Pflegkindern, und ihren Gütern, getreulich und erbarlich vorseyn, ihre Personen und Güter versehen, und verwahren, die Güter nicht in seinen eigenen Nutzen kehren oder wenden, noch dieselbigen ohn Vorwissen Erkantnuß und *Decret* der Obrigkeit, veräussern, verpfänden, oder beschwehren, und jährlich nit allein auf Erforderung der Obrigkeit, sonder auch selbst, vermög seines anbefolnen Ampts, auch geleister Pflicht und Eyds, gebührlich Rechenschafft anbieten und thun, umb sein Verwaltung Rede und Antwort geben, und alles anders handlen, das einem getreuen Vormünder eignet, und zustehet, alles bey Vermeydung der Straff gemeiner Recht, indem dann alle und jede Obrigkeiten, vermög göttlicher und unserer Kayserlichen Gebott, sonders fleißiges Auffsehen zu thun, austragenden Ampt, sich schuldig erkennen, und darumb keines Vormünders Fahrläßigkeit, noch weniger Vervortheilung bey seinem Pflegkind, oder dessen Güter ungestrafft hingehen lassen sollen."

Welche Neuerungen sind in obigem Gesetze gegenüber den Sätzen des reinen römischen Rechtes über Vormundschaft eingeführt worden?

XXXV

1. Der Schauspieler A. war von dem Theaterdirektor B. für den Spielabschnitt 1895/96 engagiert worden. Er stirbt am 2. November 1895 und hinterläßt seinen Bruder C. als Erben. Von D. hatte er eine Wohnung vom 1. Oktober 1895 an auf ein Jahr und nach dem mit vierteljährlicher Kündigungsmöglichkeit gemietet. An dem halben Vermögen seiner verstorbenen Schwester E. hatte ihm der Nießbrauch zugestanden; während er für deren zwei Kinder die andere Hälfte unentgeltlich zu verwalten übernommen hatte, auch für das eine, das noch minderjährig war, von dem Gerichte als Vormund bestellt worden war. Als sein Freund F. bei G. ein Darlehn aufgenommen, hatte er sich für den F. verbürgt. Er selbst war dem Krämer H. aus Kaufverträgen noch Geld schuldig; wogegen er freilich im Testamente der ihn überlebenden Sängerin J., mit der er vor kurzem ein Verlöbnis eingegangen war, eine beträchtliche Summe als Legat zu erwarten hatte.

Was übt nun auf alles dieses sein Tod für einen Einfluß aus?

2. Bei der genauen Ordnung des Nachlasses des im Falle 1 erwähnten A. fand sich ein von dem Herzoge von K. verliehener Verdienstorden. Auch waren mehrere Mobilien und Pretiosen da, über deren Erwerb sich nichts ermitteln ließ, die aber der Verstorbene, wie Zeugen versicherten, stets als die seinigen behandelt hatte. Mit dem Journalisten L. war A. in persönlichen Streit geraten; jener hatte ihn hämisch und in der Form beleidigend kritisiert, so daß der Rechtsbeistand des A. versichert hatte, daß der Beleidiger auf Strafe und Leistung einer Geldbuße mit Erfolg verklagt werden könnte. A. war bei einer Lebensversicherungsgesellschaft mit 12 000 ℳ versichert und hatte von einer Rentenanstalt eine Leibrente von jährlich

135 *M* zu beziehen. Endlich hatte ihm M. schenkungsweise bewilligt, daß sich A. nach seiner freien Wahl eines von den drei Reitpferden des M. aussuchen dürfe.

Auch hier ist anzugeben: wie es sich mit diesen Rechtszuständigkeiten des A. nunmehr verhalte?

3. Im Sommer 1894 starb im Dorfe Ebbenfingen in Hohenzollern Mathias Eichele, buchmäßiger Eigentümer eines Hofes und einer größeren Anzahl von Wiesen und Feldgrundstücken. Sein Erbe war sein Schwestersohn Hans Schwizgäbele; der bald darauf die sämtlichen Äcker dem Heinrich Seewaldt verkaufte und ohne weitere Förmlichkeiten überlieferte.

Wie steht es nun mit dem Eigentume und dem juristischen Besitze an jenen Grundstücken?

Preußisches Gesetz vom 5. Mai 1872 über den Eigentumserwerb und die dingliche Belastung von Grundstücken:

„§ 1. Im Falle einer freiwilligen Veräußerung wird das Eigentum an einem Grundstück nur durch die auf Grund einer Auflassung erfolgte Eintragung des Eigentumsüberganges im Grundbuch erworben."

„§ 5. Außerhalb der Fälle einer freiwilligen Veräußerung wird Grundeigentum nach dem bisher geltenden Rechte erworben."

4. Nach der Kurhessischen Judenordnung von 1749 § 27 durften Juden keine Feldgüter erwerben. Dieses Gesetz blieb für solche Juden, die nicht Kurhessische Staatsangehörigkeit besaßen, bestehen, bis das Bundesgesetz über die Freizügigkeit vom 1. November 1867 § 1 bestimmte, daß „keinem Bundesangehörigen um des Glaubensbekenntnisses willen . . der Erwerb von Grundeigentum verweigert werden darf."

Am 1. Oktober 1865 starb in einem Dorfe des Schwalmgrundes ein Bauer, dessen einzige Tochter einen jüdischen Kaufmann in Eisenach geheiratet hatte, aber schon vor dem Vater verstorben war. Letzterer hatte testamentarisch seinen Schwiegersohn zu seinem alleinigen Erben eingesetzt.

Konnte dieser die Ackergrundstücke in Anspruch nehmen?

5. K. kauft bona fide von V. eine dem E. gehörige Sache für 10 *M*. Nach $2^3/_4$ Jahren stirbt K. Sein Erbe H. erklärt nach einigen Monaten brieflich, daß er die Erbschaft antrete.

Wer ist Eigentümer? Wer ist juristischer Besitzer?

6. Zwei Söhne und eine Tochter beerben ihren Vater, einen Grundeigentümer. Der älteste Sohn beansprucht als solcher das väterliche Gut und will die Geschwister mit Geld abfinden; der jüngere Sohn aber beruft sich auf die Parömie „Gleiche Brüder, gleiche Kappen" und möchte zur Hälfte Miteigentümer bleiben.

Was hat zu geschehen?

Wie wäre es, wenn keines der drei Kinder Grundeigentum, sondern alle Auszahlung in Geld haben möchten — („so viel Mund, so viel Pfund")?

7. Die Recks Eheleute schlossen am 19. August 1895 mit ihrer Enkelin Katharina Hofmann einen Vertrag folgenden wesentlichen Inhaltes: Da sich ihr einziges Kind Anna Marie, verehelichte Hofmann, der sie schon einen Teil ihres Vermögens abgetreten hätten, gar nicht um sie kümmere, wollten sie deren Tochter Katharina ihr noch übriges sämtliches Vermögen vermachen und sofort übergeben, erwarteten aber dagegen, daß diese sie wie bisher verpflege, auch etwa vorfindliche Schulden entrichte.

Fragen:

a) Wie ist dieses rechtlich aufzufassen und im einzelnen durchzuführen?

b) Wie verhält sich ein solcher Vertrag zu dem in l. 15 C. de pactis (2, 3): „Pactum, quod dotali instrumento comprehensum est, ut, si pater vita fungeretur, ex aequa portione ea quae nubebat cum fratre heres patri suo esset, neque ullam obligationem contrahere nec libertatem testamenti faciendi mulieris patri potuit auferre?"

c) Was ist, im gleichen Sinne gefragt, zu l. 61 D. de V. O. (45, 1) zu bemerken?

d) Wie steht es in dieser Richtung mit dem noch vor 200 Jahren vorherrschend gelehrten, von Thomasius erst als lächerlich dargestellten Pakte, wonach Adam nach dem Falle seine Rittersitze, Äcker und Wiesen nebst anderen liegenden Gründen dem Kain, das bare Geld aber und die kostbaren Möbel dem Abel übereignet hätte?

e) Welche Rechtsfolge tritt ein, wenn die Enkelin vor ihren Großeltern stirbt?

8. In Pötnitz im Herzogtum Anhalt kam 1895 der seltene Fall vor, daß bei Ausschüttung einer Konkursmasse nicht nur alle Gläubiger voll befriedigt wurden, daß Gerichts- und Anwaltskosten bezahlt wurden, sondern daß auch noch ein nicht unerheblicher Betrag übrig blieb. Der Konkurs wurde seiner Zeit über die Hinterlassenschaft eines Verstorbenen eröffnet, die nächsten Erben hatten wenig Vertrauen zu der Erbschaft und wollten sie nicht antreten.

Wer war hier eigentlich der Konkursschuldner?

Und was wird nun, nachdem die Sache sich günstiger gestellt hat, aus dem Überschuß der Konkursmasse?

XXXVI

Bruns, Font. iur. n. 98 sqq.

1. Nach dem Tode des A. erfuhren dessen Kinder B. und C. von einem gerichtlichen letzten Willen des Verstorbenen. Die Urkunde lautete:

„Testament. Aus meinem Nachlasse soll mein Freund D. 5000 ℳ erhalten und mein alter Diener E. eine lebenslängliche jährliche Rente von 150 ℳ beziehen.“

Was liegt rechtlich vor?

2. Der Besitzer eines Bauerngutes hatte am Schlusse seines Testamentes bestimmt:

„Ich behalte mir hiermit ausdrücklich das Recht vor, dies Testament durch außergerichtliche Nachzettel zu ergänzen und abzuändern. Solche Nachträge sollen mit diesem Testamente ganz gleiche Kraft haben. . .“

Nach seinem Ableben fand sich in seinem Nachlasse ein derartiger Nachzettel vor, aufgesetzt vor fünf Zeugen und ordnungsgemäß unterschrieben und versiegelt. In diesem Nachzettel hatte der Erblasser die im Testamente bestimmte gleichmäßige Verteilung des Nachlasses unter die beiden Erben dahin abgeändert, daß der eine von ihnen zwei drittel, der andere den Rest bekommen solle. Auch hatte er dem einen Erben, der noch minderjährig war, einen Vormund ernannt.

Was ist über Begriff und rechtliche Bedeutung dieser Willenserklärungen zu bemerken?

3. Einem jungen Juristen wird von einer verwandten Dame nachstehende Frage brieflich vorgelegt:

„Ich besitze eine alte treue Freundin, welche unverheiratet ist. Dieselbe hat den Wunsch, daß nach ihrem Tode ihre Hinterlassenschaft, bestehend in Garderobe, Leinwand, einigen Haushaltungsgegenständen und etwa 500 *M* in bar, wie auch etlichen Büchern und sonstigen Kleinigkeiten, in meinen Besitz übergeht. Obgleich meine Freundin fünf Geschwister besitzt, so ist es doch ihr Wille, daß nur in meine Hände diese Hinterlassenschaft fällt. Nun hat sie diesen letzten Willen in einem Briefe an mich niedergeschrieben, welcher nach ihrem Tode geöffnet werden soll, als etwaiger Ausweis ihren Geschwistern gegenüber. Ich bin nun im Zweifel, ob dieses eine genügende rechtliche Sicherheit bietet. . . Könnte ich vielleicht den Brief bei Gericht abgeben? Ich habe auch schon daran gedacht, vor Zeugen feststellen zu lassen, daß der Brief wirklich von meiner Freundin herrührt und mir zu dem genannten Zwecke übergeben worden ist; bin aber in Unkenntnis, wie man sich da etwa zu verhalten hätte."

Was hat der junge Jurist der Anfragenden zu antworten?

4. Im Jahre 1767 wurde Graf Wiston zu Löwenburg, Hofmarschall des Markgrafen von Bayreuth, auf der Rückreise in seine Heimat im Voigtlande von Räubern überfallen und schwer verwundet. Man brachte ihn in das nächste Dorf; und rief auf seinen Wunsch den Ortsschulzen, worauf der Graf vor diesem, vor seinen drei Dienern, dem Postillon, dem Gastwirte und einem Stallknechte seinen letzten Willen erklärte und in Ermangelung von Leibeserben seine Gemahlin zu seiner Erbin einsetzte, auch verschiedene Vermächtnisse bestimmte. In der folgenden Nacht verschied er.

Fragen:

a) Wäre das nach römischem Rechte — auf dessen verschiedenen Entwickelungsstufen — ein rechtsgültiges Testament gewesen?

b) Wie hätte es sich verhalten, wenn die Diener es übernommen hätten, das schriftlich aufgesetzte Testament dem

Markgrafen zu überbringen, und dieses dann auch geschehen wäre?

c) Würde es genügt haben, wenn der Sterbende vor dem Ortsschulzen und dem Gemeindeschreiber seinen letzten Willen zu Protokoll erklärt hätte?

d) Was würde zu antworten sein, wenn der Graf als Befehlshaber eines militärischen Detachements verwundet worden wäre und nun seine testamentarische Erklärung vor der Front seiner Abteilung abgegeben hätte?

5. „Ich Van der Kabel testiere 1799 den 7. Mai hier in meinem Hause in Haslau in der Hundsgasse ohne viele Millionen Worte. . . Die milden Gestifte mache ich so, daß ich für 3000 hiesige Stadtarme jeder Stände ebenso viele leichte Gulden aussetze, wofür sie an meinem Todestage im künftigen Jahre auf der Gemeinhut, wenn nicht gerade das Revuelager da steht, ihres aufschlagen und beziehen, das Geld froh verspeisen und dann in die Zelte sich kleiden können. Auch vermache ich allen Schulmeistern unseres Fürstentums, dem Manne einen Augustdor, sowie hiesiger Judenschaft meinen Kirchenstand in der Hofkirche. . . Meinen sieben weitläufigen Anverwandten vermache ich nichts, ausgenommen gegenwärtiges Haus in der Hundsgasse, als welches ganz so wie es steht und geht, demjenigen von meinen sieben genannten Herrn Anverwandten anfallen und zugehören soll, welcher in einer halben Stunde (von der Vorlesung der Klausel an gerechnet) früher als die übrigen sechs Nebenbuhler eine oder ein paar Thränen über mich, seinen dahingegangenen Onkel, vergießen kann vor einem löblichen Magistrate, der es protokolliert. Bleibt aber alles trocken, so muß das Haus gleichfalls dem Universalerben verfallen. . . . Dieser Universalerbe ist der Schulzensohn in Elterlein, namens Gottwalt Peter Harnisch. . . Ritte der Teufel meinen Universalerben, so daß er die Ehe bräche, so verlöre er die Viertelserbschaft, — sie fiele den sieben Anverwandten heim; ein Sechstel aber nur, wenn er ein Mädchen verführte. Stirbt der junge Harnisch innerhalb 20 Jahren, so verfällt die Erbschaft den hiesigen corporibus piis. Schlägt aber Harnisch die ganze Erbschaft aus, so ist es so viel, als hätte er zugleich die Ehe gebrochen und wäre Todes verfahren. . . Ein jeder Wille darf toll und halb, und weder gehauen noch gestochen sein, nur aber der letzte nicht, sondern dieser muß, um sich zum zweiten-, dritten- und viertenmal zu ründen, also konzentrisch, wie überall bei den Juristen, zur *clausula salutaris*, zur *donatio mortis causa* und zur *reservatio ambulatoriae voluntatis* greifen. So will ich denn hiermit dazu gegriffen haben, mit kurzen und vorigen Worten."

(Aus Jean Paul, Flegeljahre.)

Von welchen Rechtseinrichtungen ist hier Gebrauch gemacht, und welche juristischen Begriffe haben Anwendung gefunden?

6. A. hat zwei ihm fremde Personen B. und C. zu Erben eingesetzt und dem C. den Z. substituiert. B. tritt nach dem Tode des A. die Erbschaft, C. schlägt sie aus.

Wer bekommt seinen Anteil?

7. A. hatte D. und E. als seine Erben testamentarisch genannt; und zwar sollen sie zu gleichen Teilen erben und den anderen Verwandten verschiedene Vermächtnisse auszahlen. D. stirbt vor Eröffnung des Testamentes.

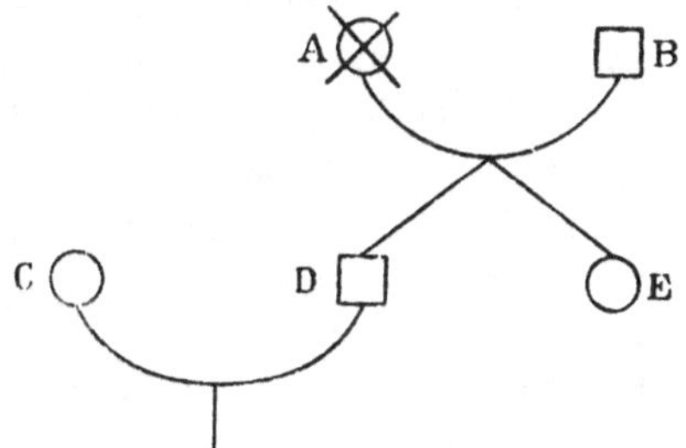

Welches ist nun das rechtliche Schicksal dieser Erbschaft?

8. C. ernennt den A. und den D. zu seinen gleichberechtigten Erben. D. schlägt nach der Testamentseröffnung aus.

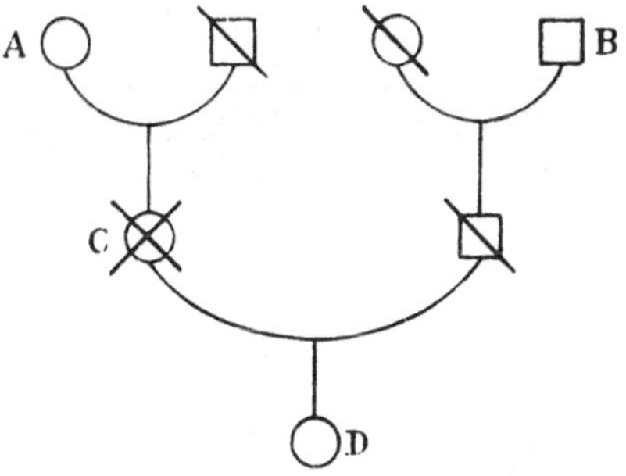

An wen fällt die ihm ausgesetzte Erbportion?

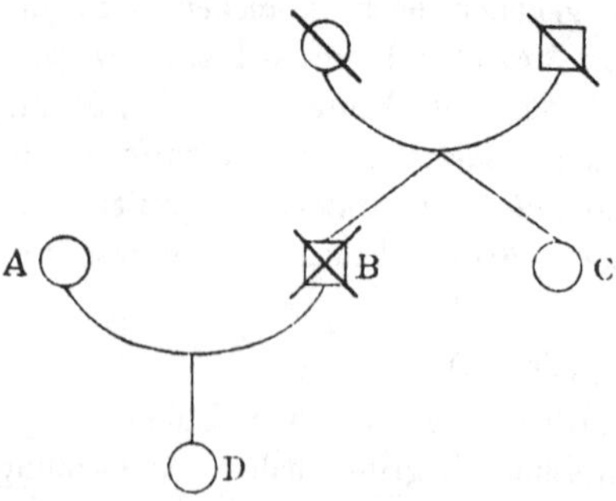

9. Testament der B.: D. soll mein Erbe sein. Falls D. vor mir stirbt, so substituiere ich den C.; wenn nach mir, so soll die Erbschaft fideikommissarisch an den C. herausgegeben werden.

Wie ist es nun, wenn D. nach der B., aber vor angetretener Erbschaft stirbt?

XXXVII

Descendens omnis succedit in ordine primo.
Ascendens propior, germanus, filius eius.
Tunc latere ex uno iunctus, quoque filius eius.
Denique proximior reliquorum quisque superstes.

1. Wie sind folgende Personen nach römischem Intestaterbrecht berechtigt, — und zwar: nach den zwölf Tafeln, nach dem prätorischen Edikt, nach dem Rechte der klassischen Juristenzeit, nach nov. 118?

a) Mutter und Bruder des Verstorbenen.
b) Vater und Mutter.
c) Ehefrau und Schwiegersohn.
d) Der älteste Sohn und zwei Töchter.
e) Zwei Kinder des verstorbenen ältesten Sohnes und eine Tochter des Erblassers.
f) Die Ehefrau und ein Vetter im zehnten Grade.
g) Stiefeltern und Stiefkinder gegen einander.
h) Das Kind eines verstorbenen Stiefbruders und ein Vetter mütterlicherseits.

2. Wie wird X. nach nov. 118 beerbt, wenn bei seinem Tode als nächste Verwandte folgende Personen leben?

a) Sein Sohn und dessen zwei Söhne, seine älteste Tochter und deren drei Enkel, der Sohn seiner verstorbenen jüngeren Tochter.

b) Ein Sohn erster Ehe, eine Tochter zweiter Ehe und deren Kind, zwei seiner Söhne und der Sohn einer verstorbenen Tochter aus dritter Ehe.

c) Seine Mutter und deren Eltern, sowie die Großeltern väterlicher Seite und ein Kind seines verstorbenen Bruders.

d) Die Mutter, die ihn außerehelich geboren hat, ein weiteres uneheliches Kind dieser und der Erzeuger der beiden Kinder.

e) Drei Urgroßeltern väterlicher und zwei mütterlicher Seite.

f) Ein Bruder und ein Halbbruder mütterlicher Seite, der von des Erblassers Vater, nach der Heirat mit dessen Mutter, arrogiert worden war.

3. Spanischer Erbfolgekrieg.

Karl II. von Spanien war der Sohn Philipps IV. († 1665), dessen eine Schwester Anna († 1666) mit Ludwig XIII. von Frankreich († 1643) vermählt war, während die jüngere Marie Anna († 1646) den Kaiser Ferdinand III. († 1657) heiratete. Jener Ehe entstammte Ludwig XIV. († 1715), der die spanische Prinzessin Marie Theresia († 1683), die Tochter Philipps IV. zur Gemahlin nahm. Ihr Enkel war Philipp V. von Anjou († 1746), der Sohn des 1711 als Dauphin verstorbenen Ludwig. Der Sohn Ferdinands III. war Leopold I. († 1705), der in erster Ehe mit Margarethe Theresia († 1673), der Schwester der Gemahlin Ludwigs XIV., in zweiter Ehe mit Eleonore Magdalene von Pfalz-Neuburg vermählt war. Der ersten Ehe war Marie Antonia († 1692) entsprossen, die Max Emanuel von Bayern († 1726) heiratete, und deren Sohn Joseph Ferdinand von Karl II. zu seinem Nachfolger testamentarisch bestimmt war, jedoch schon 1699 verstarb. Aus zweiter Ehe hatte Leopold I. zwei Söhne, Joseph I. († 1711) und Karl, deren jüngsten, Karl VI. († 1740), er als Thronprätendenten dem von Frankreich auf den spanischen Thron gebrachten Philipp V. entgegenstellte, als Karl II. am 1. November 1700 mit Tod abgegangen war.

Es ist hierüber ein Stammbaum zu entwerfen; und anzugeben: wie nach römischem Intestaterbrecht über die Hinterlassenschaft Karls II. zu befinden gewesen wäre?

4. Aus zufällig erhaltenen Handakten eines Hofgerichts-Advokaten aus dem 18. Jahrhundert:

„Es ist im Februar 1774 Margaretha Kühnin, geborene Rötherin, zu Kitzingen in Francken ohne Hinterlassung ehelicher Leibes-Erben verstorben. Weil aber daselbst keine weitere Anverwandte von ihr vorhanden sind, sondern ihr Bruder Michael Röther, da er von seinem Vater Ernst Röther auf die Wanderschaft geschickt, sich in Ordruf niedergelassen: so ist solches bemeldeten Michael Röthers zu Ordruf hinterbliebenen Anverwandten gemeldet worden.

In Ordruf sind deren auch keine mehr vorhanden gewesen; indem der älteste Sohn, der Pfarrer Röther, zu Bramstädt, bereits im Jahre 1768 mit Hinterlassung eines Sohnes, Caspar Röther, verstorben, der andere Sohn aber, Jacob Röther, als Schneidermeister in Halle a. S. wohnt.

Nun wird gefragt, ob des verstorbenen Pfarrers zu Bramstädt Friedrich Röthers Sohn, Caspar Röther, mit seines verstorbenen Vaters Bruder, Jacob Röther, zur Succession gelangen könne?"

5. *Kedinger Landrecht* (Aufzeichnung des Gewohnheitsrechtes für das Kedinger Land am westlichen Ufer der Elbe, zuerst gedruckt 1664), tit. 16 § 1:

„Hier sagt das alte Kedinger Recht: Es stirbet kein Gut zurück, sondern vorwärts, darum wenn Kinder oder Kindeskinder verstorben, und ihr Vater und Mutter im Leben wären, haben dieselben ihren Nachlaß nicht erben können, sondern ist in *linea collaterali* in der Seitenlinie auf die nächsten Blutsfreunde vererbt. Solcher Gebrauch ist ebenmäßig abgeschafft und einhellig bewilligt, daß nach beschriebenen kaiserlichen Rechten verfahren werden solle."

Inwiefern weicht der angegebene erbrechtliche Grundsatz von den Bestimmungen des römischen Rechtes in seiner geschichtlichen Entwickelung jeweilig ab?

6. In einem Intestaterbfalle wurde nachstehender Stammbaum aufgestellt (S. 127).

Es fragt sich:

a) Wie ist die Erbschaft der E. zu verteilen?

b) Wie steht es, wenn C. vor der Antretung der Erbschaft verstirbt?

c) Wie wäre es, wenn G. nicht vor, sondern nach der E. verstorben wäre?

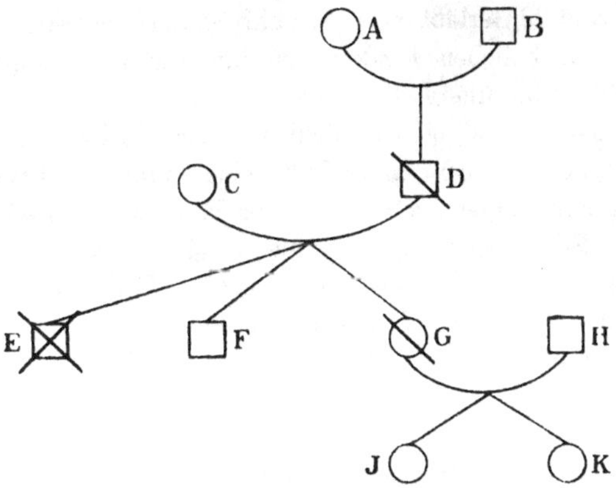

XXXVIII

Quatuor aut infra natis dant iura trientem,
Sed dant semissem liberis, si quinque vel ultra.

1. Genügen nachstehende Verfügungen den Vorschriften des römischen Noterbenrechtes auf den verschiedenen Stufen seiner Entwickelung?

a) „Ich setze die Universität H., in ihrer Eigenschaft als moralische Person, zu meiner alleinigen und Universalerbin ein. Mein einziger Sohn (— oder: meine fünf Töchter; — oder: meine drei Söhne; — oder: meine Enkel und Enkelinnen; — oder: meine beiden Eltern; — oder: mein Bruder) soll weiter nichts als den Pflichtteil haben. Andere nahe Verwandte (— als die jeweils aufgeführten) habe ich nicht."

b) Eine Frau, die keine Kinder und keine Eltern, wohl aber Großeltern und einen Bruder hinterläßt, setzt ihren Ehemann durch Testament zu ihrem Universalerben ein, ohne jene zu berücksichtigen.

c) Der X. hat seine Ehefrau zu seiner Erbin eingesetzt und seiner noch lebenden Mutter die Hälfte ihres gesetzlichen Erbteiles als Vermächtnis zugewendet.

d) Jemand hinterläßt sein gesamtes Vermögen testamentarisch zwei unehelichen Kindern von ihm, während einer seiner Brüder ihn überlebt.

e) Es hat jemand eine anrüchige Person als Erbin eingesetzt; er hinterläßt bei seinem Tode einen jüngeren Bruder und den Sohn einer schon verstorbenen älteren Schwester.

f) „Zu Erben berufe ich die fünf Kinder meines verstorbenen ältesten Sohnes, sowie das einzige Töchterchen meines jüngsten Sohnes, den ich deshalb von meinem Nachlasse ausschließe, weil er sich in sehr guten Vermögensverhältnissen befindet."

g) „Da mein ältester Sohn vor 6 Jahren nach Australien ausgewandert und seitdem verschollen ist, und ich annehmen muß, daß er sich nicht mehr am Leben befindet, so wende ich mein zu hinterlassendes Vermögen ausschließlich meinem jüngsten Kinde zu."

2. Welche rechtliche Bedeutung kommt folgenden Thatbeständen zu?

a) A. hat in seinem Testamente seinen Haussohn B. und seine verheiratete Tochter C. als Erben eingesetzt, ohne weitere Verwandte zu nennen und zu bedenken. Sowohl B. wie C. sterben aber vor A., jedes mit Hinterlassung eines ehelichen Knaben.

b) Es setzt jemand seine Ehefrau, mit der er in kinderloser Ehe lebt, zur Erbin ein. Später adoptiert er das von seiner Frau vor ihrer Bekanntschaft geborene uneheliche Kind, damals im Alter von vier Jahren.

c) Ein Testator hatte noch eine Mutter am Leben, als er seinen Sohn und mit diesem einen ganz entfernten Verwandten zum Erben einsetzte. Der Sohn starb vor dem Vater.

3. Die Niederlings Eheleute ernannten in ihrem Testamente ihre jüngste Tochter Gertrud zu ihrer Haupterbin, verfügten, daß ihre beiden anderen Töchter wegen schlechten Lebenswandels nichts aus der Erbschaft erhalten sollten und verordneten endlich in betreff des Kindes eines vorverstorbenen Sohnes: „Unserem Enkel Wilhelm vermachen wir als Abfindung von unserem ganzen Vermögen die Summe von 2000 *M*. Die Auszahlung muß bei der Großjährigkeit erfolgen."

Nach dem Tode der Erblasser stellt sich als Nachlaß die Summe von 30 000 *M* heraus.

Besteht ein Anspruch der beiden älteren Töchter oder des Enkels, — und zwar jeweils nach den verschiedenen Systemen des römischen Noterbenrechtes?

4. Wie groß ist der Pflichtteil, wenn jemand

a) fünf Kinder hat und eines davon gültig enterbt;

b) einen Enkel von einem Sohne und vier Enkel von einem anderen Sohn hinterläßt;

c) einen Sohn, drei Enkel von einem anderen Sohne und drei Enkelinnen von einem dritten Sohne hat; einer der Enkel heiratet eine der Enkelinnen, und aus dieser Ehe wird ein Sohn geboren; nun stirbt der Alte mit Hinterlassung des Sohnes, zweier Enkel und Enkelinnen und des Urenkels?

5. Ein Fabrikant legt einem Juristen folgende Frage vor: „Mein vor kurzem verstorbener Bruder hat in seinem gerichtlich errichteten Testamente zu gleichen Teilen die Kirchengemeinde Sachsberg und die unverehelichte Rosa Lubbe zu Erben eingesetzt. Die letztere Person hat bis vor sieben Jahren in unserer Stadt als öffentliche unter Polizeiaufsicht stehende Hure gelebt. Mein Bruder ist in unerklärlicher Verirrung in ein dauerndes Verhältnis zu ihr getreten, hat sie ihrem Lebenswandel entzogen, sie zu anständiger Familie in Kost gegeben, ihr Unterricht erteilen lassen und sich schließlich mit ihr verlobt. Mir hat mein Bruder nur einige Andenken von geringem Werte vermacht.

Habe ich von Rechts wegen nicht irgend einen Anspruch zu erheben?"

Cf. l. 3 pr. D. si a parente quis manumissus sit (37, 12); l. 43 § 4 D. de ritu nuptiarum (23, 2); l. 19 D. de inofficioso testamento (5, 2).

6. Sind folgende Enterbungen rechtlich wirksam?

a) Der Testator enterbt seinen Sohn, weil er von diesem

schwer beleidigt worden ist. Nachmals versöhnt er sich wieder mit ihm.

b) Eine Tochter schließt ihren Vater von ihrer Erbschaft gänzlich aus, weil dieser mit seiner Schwiegertochter ein unzüchtiges Verhältnis unterhält.

c) „Meine unverheiratete Tochter, die Kinder meines verstorbenen ältesten Sohnes und meinen jüngsten Sohn, sämtlich Kinder aus meiner ersten Ehe, enterbe ich hierdurch, weil sie sich gegen ihre Stiefmutter, meine jetzige Frau, gröblich vergangen und dieselbe in roher Weise körperlich mißhandelt haben.“

d) In dem oben in No. 5 erzählten Falle berief sich die Rosa Lubbe nicht bloß auf ihre von dem Bruder zugestandene Besserung, sondern auch darauf, daß dieser selbst ein anstößiges und unehrenhaftes Leben führe und darum mit Grund im Testamente seines Bruders übergangen worden sei.

7. „Da unser einziger Sohn ganz überschuldet ist, so wollen wir ihm hierdurch unsere Erbschaft ganz vorenthalten, und soll nach unserem Tode unser Vermögen nicht an ihn, sondern an seine Kinder fallen. Unser Sohn soll jedoch, solange er lebt, die Verwaltung und den Nießbrauch dieses Vermögens haben.“

Wie steht es mit der Gültigkeit dieser letztwilligen Verfügung nach römischem Noterbenrechte?

---

8. Welche Rechtsbehelfe haben die im folgenden angeführten Noterben?

a) Von Lord Arlington wird erzählt, daß er ein so leidenschaftlicher Whistspieler gewesen, daß er seinen Sohn enterbte, weil dieser als sein Partner in einem kritischen Spiele einen groben Fehler machte und mit der falschen Karte herauskam.

Nach anderem Berichte soll er den Sohn dessentwegen aus dem Hause gestoßen und in seinem Testamente überhaupt nicht erwähnt haben.

Man setze auch den Fall, daß nicht der Sohn des Lords

davon betroffen worden wäre, sondern: die Tochter; — Enkel oder Enkelinnen; — ein Bruder.

b) Jemand hatte seinen Sohn und zwei fremde Personen zu gleichen Teilen zu Erben eingesetzt, seine Tochter aber übergangen.

c) „Mein Vermögen vermache ich meinem ältesten Sohne und dem jüngsten der beiden Kinder meiner verstorbenen Tochter. Von der Erbschaft, die rund 24 000 ℳ betragen wird, soll dieses Enkelkind aber nur 1000 ℳ erhalten. Die drei Kinder meines zweiten Sohnes, der vor kurzem gestorben ist, will ich hierdurch ausdrücklich enterben.“

d) Ein Vater hat seine zwei Töchter enterbt, weil sie sich einem liederlichen Lebenswandel ergeben hätten. Dann stellt sich heraus, daß jene Annahme nur auf die eine der Schwestern zutreffe, während die andere außer allem Makel sei.

9. Jemand setzte seine Ehefrau als Erbin ein und überging seine Mutter ohne Anführung eines rechtfertigenden Grundes. Die Mutter starb. Nicht lange darauf ging auch der Testator mit Tod ab, unter Hinterlassung seiner Ehefrau und zweier Brüder.

Haben die letzteren einen Anspruch Rechtens?

10. Eine Witwe ernannte ihre drei Töchter testamentarisch zu Erbinnen, setzte aber dabei die jüngste auf ihren Pflichtteil.

Nach dem Tode der Witwe ging die jüngste Tochter gegen das Testament vor; unter Berufung darauf, daß ihre beiden Schwestern vor ihrer Mutter mit Tod abgegangen, deren nachgelassene und ihre Großmutter überlebende Kinder in dem Testamente aber nicht erwähnt seien.

Welche *actio* ist angestellt? Ist sie begründet?

11. Thatbestand.

Im Jahre 1893 starb der Rentier Karl Weidenbaum. Seine nächsten gesetzlichen Erben waren seine Mutter und eine unverehelichte Schwester Natalie. Weidenbaum hatte bei Gericht ein Testament deponiert, in welchem er lediglich seine Schwägerin Lina Sürten zur Erbin eingesetzt hatte, unter völliger Umgehung seiner näheren Angehörigen.

Die Mutter des Testators verklagte Lina Sürten auf Umstoßung jenes Testamentes. Als der Prozeß eine Zeit lang gedauert hatte und noch schwebte, verglichen sich die Streitteile, indem Lina Sürten der Klägerin eine Abfindungssumme zahlte, mit der sich diese zufrieden gab.

Jetzt trat aber Natalie Weidenbusch gegen Lina Sürten auf und focht das Testament wegen der Präterition der Mutter an.

Es ist nov. 115 c. 3 und 4 zu vergleichen; und danach Urteil mit Entscheidungsgründen auszuarbeiten.

12. Ein Kaufmann, der ein Manufakturwarengeschäft betrieb, hatte in seinem Testamente als Erben seinen Bruder und seinen einzigen Sohn eingesetzt, den letzteren aber ausdrücklich „auf seinen Pflichtteil, welcher ihm aus dem Nachlasse alsbald unbeschwert ausgezahlt werden soll."

Nach dem Tode des Testators verlangt der Sohn, daß er von seinem Oheim sofort aus den bereitesten Mitteln der Erbschaft abgefunden werde; während dieser zunächst sich weigert, bis die Erbschaft reguliert sei, und sich namentlich übersehen lasse, wieviel von verschiedenen unsicheren Außenständen des Erblassers eingetrieben werden könne.

Welcher der beiden ist im Rechte?

13. Zwei Geschwister kommen in Streit, indem der jüngere Bruder behauptet, daß die väterliche Erbschaft wenigstens 9000 *M* betrage, ihm aber nur ein Grundstück im Werte von 1000 *M* hinterlassen worden sei. Er verlangt, daß der ältere Bruder die demselben außer jenem Grundstücke ganz zugefallene Erbschaft inventarisiere und danach ihm, dem Kläger, den Pflichtteil ergänze.

Ist dieses Begehren juristisch gerechtfertigt?

14. Anfrage bei einem Rechtsanwalte:

„Meine Schwiegereltern haben in einem wechselseitigen Testamente sich gegenseitig zu Erben eingesetzt und zugleich ihr einziges Kind, meine vor einigen Wochen verstorbene Frau, ohne allen Grund enterbt. Mein Schwiegervater ist im vorigen Jahre gestorben.

Kann ich nun, der ich laut Testament meiner Frau diese

mit unseren zwei Kindern zu gleichen Teilen beerbt habe, Erbansprüche gegen meinen Schwiegervater geltend machen, — sei es für mich oder zugleich für meine Kinder?"

---

15. Sind folgende Erbeseinsetzungen nach justinianischem Noterbenrecht (nach Erlaß der nov. 115) in Ordnung?

a) Ich setze meinen Vetter O. zu meinem Erben ein; meine Kinder und Enkel aber sollen nichts haben. Sie werden sich schon erinnern, wie sie sich schlecht gegen mich benommen und mich, als ich noch bei ihnen lebte, gequält, beleidigt und sogar körperlich mißhandelt haben.

b) Mein Vermögen vermache ich der Stadt A. als meiner Gesamtnachfolgerin. Ich setze dabei voraus, daß B., mein einziger Sohn, bei meinem Tode aus seinen jetzigen geschäftlichen Schwierigkeiten glücklich und erfolgreich sich gelöst hat; sollte das nicht der Fall sein und er in Geldbedrängnis sich befinden, so soll er die Erbschaft, die ich hinterlassen werde, erhalten.

c) Meine fünf Kinder sollen meine Erben und Universalsuccessoren sein. Dabei sollen meine drei Töchter je ein Viertel des von mir hinterlassenen Kapitalvermögens ausgezahlt erhalten; meinem jüngsten Sohn soll das Gut und der gesamte übrige Nachlaß, zusammen noch nicht ganz die Hälfte meines Vermögens, zufallen; der Rest mag das Erbe meines ältesten, in Amerika weilenden Sohnes sein, der mir niemals Freude gemacht hat.

d) Mein einziges Kind aus erster Ehe, K., setze ich zum Erben ein auf das mir gehörige Wohnhaus in X., im Werte von etwa 24 000 *M*. Mein übriges Vermögen soll meine Ehefrau L., mit der ich in kinderloser zweiter Ehe lebe, als Erbin erhalten.

e) Von einem Testator wurde sein gesamter Nachlaß dem Hospital N. zugewendet. Seine Mutter M., die einzige seiner noch lebenden Verwandten, ernannte er zwar neben N. auch als Erbin, beschränkte sie aber auf einen alten kostbaren Familienschmuck, der sich angeblich in seinem, des Testators, Geldschrank finden sollte, dortselbst aber nicht war und überhaupt — wie der Testator sehr wohl gewußt hatte — niemals existiert hatte.

f) Hierdurch bestimme ich, daß mich meine Kinder A. und B. beerben sollen. Meine Tochter B. jedoch, die sich gegen meinen Wunsch und Willen mit C. verheiratet hat, soll bloß ein Zehntel des Nachlasses als Erbin haben.

g) Als Erben setze ich meine Ehefrau und meine Tochter ein. Dabei soll aber die erstere das Vermögen als Eigentum bekommen, und unsere Tochter nur an der Hälfte der Erbschaft den lebenslänglichen Nießbrauch haben.

h) Mein Sohn hätte die Enterbung wohl verdient, da er mich allerwege schlecht behandelt und mir sogar nach dem Leben getrachtet hat. Indessen soll er nur auf den Fall enterbt sein, wenn ich außer ihm noch Kinder hinterlasse, die dann als meine Rechtsnachfolger die Erbschaft unter sich gleichmäßig verteilen mögen.

i) Mein einziger Sohn X. soll nach anscheinend zuverlässigen Mitteilungen meines Freundes Y. mich hinter meinem Rücken in unerhörter Weise verleumdet und beleidigt und meinen guten Ruf auf das Äußerste geschädigt haben. Ich will deshalb den Y., dem ich vielfach für freundschaftliche Hülfeleistung verbunden bin, zu meinem Erben hierdurch ernennen. Für den Fall jedoch, daß auf etwaiges Bestreiten meines Sohnes hin der Y. jene Anschuldigung seiner Zeit nicht zweifellos beweisen kann, soll X. meinen Nachlaß als rechter Erbe haben.

16. Welche Rechtsfolgen hat das römische Noterbenrecht an folgende thatsächliche Möglichkeiten geknüpft?

a) Der A. will seine Ehefrau B. als Erbin einsetzen. Er teilt dieses seinem einzigen Sohne C. mit; und dieser erklärt sich damit ganz einverstanden und willigt darin ein, daß er im Testamente nicht berücksichtigt werde; — (wobei die beiden Möglichkeiten zu unterscheiden sind: 1. daß C. zwar großjährig ist, aber noch unter väterlicher Gewalt steht; 2. daß er selbständig lebt und aus der patria potestas entlassen ist).

b) In dem sub a) mitgeteilten Falle erfährt C. erst nach dem Tode des A. von dessen Testament und abstiniert nun;

— oder: er ist vor dem A. mit Tod abgegangen; — oder: er verstirbt kurz nach dem Ableben des A., ohne in der Erbschaftssache Schritte gethan zu haben.

c) D. hat seinen ältesten Sohn E. im Testamente übergangen; der jüngere Sohn F. und eine fremde Person G. sind zu Erben eingesetzt. E. will aber das Testament nicht angreifen.

d) Ein Vater setzt seine Kinder und zugleich einen ihm nicht Verwandten zu Erben ein. Dann wird ihm noch ein eheliches Kind geboren — sei es zu seinen Lebzeiten oder nach seinem Tode; dieses stirbt aber bald nach seiner Geburt, — und zwar das zu Lebzeiten geborene wiederum in doppelter Möglichkeit: entweder während der Vater noch lebt oder da er selbst schon verstorben ist.

e) Nach erlangter Volljährigkeit wird ein Sohn von seinem Vater aus der patria potestas entlassen; zugleich erhält er ein Kapital zur selbständigen Errichtung eines Geschäftes ausgeantwortet. Nach einem Jahre stirbt der Sohn unter Hinterlassung eines Testamentes, worin er sein ganzes Vermögen einer pia causa vermacht.

17. In dem fränkischen Dorfe Neuhaus lebte um die Mitte dieses Jahrhunderts der Bauer Martin Schimmel in eigenem dürftigen Anwesen. Nach dem Tode seiner Frau übergab er, da er 68 Jahre alt war, Haus und Hof und Äcker seinem Sohne Kaspar, während er auf den Altenteil sich setzte und in das Oberstübchen des Hauses zog. Kaspar Schimmel war ein jähzorniger und sittenloser Mensch. Als sein einziger Sohn Andreas mit einer wohlhabenden Bauerntochter aus dem Nachbardorfe Schirren sich verheiratete, zunächst aber weiter in dem Hause seines Vaters verblieb, verführte der letztere die junge Frau zur Unzucht mit ihm; der Ehescheidung kam ein plötzlicher Tod der Frau zuvor.

Der kränkliche Andreas Schimmel, der nun ganz mit seinem Vater überworfen war, verließ dessen Haus und errichtete ein Testament, in welchem er das ihm von seiner Frau laut Ehepakten zugefallene Vermögen den Verwandten derselben vermachte, seinen Vater aber unter Bezugnahme auf dessen schändliches Thun ausdrücklich enterbte. Bald darauf starb er.

Nun fragt es sich:

a) Ist das Testament rechtsgültig?

b) Kann nicht Martin Schimmel etwas beanspruchen?

c) Ist es von Einfluß, ob die Mutter des Andreas Schimmel schon vor ihm verstorben war oder erst jetzt, kurz nach dessen Ableben, mit Tod abgeht?

XXXIX

Bruns, Font. iur. n. 57; 160.

1. „Ich sage aber, so lange der Erbe ein Kind ist, so ist unter ihm und einem Knechte kein Unterschied, ob er wohl ein Herr ist aller Güter. — Sondern er ist unter den Vormündern und Pflegern, bis auf die bestimmte Zeit vom Vater."

Geht das von St. Paulus hier gebrauchte Gleichnis von juristisch zutreffender Unterlage aus? Auf welche Sätze des römischen Rechtes kommt es dabei an? Worin liegt des näheren das tertium comparationis zwischen diesen und den Gedanken in Gal. 4, 1—7 und Röm. 8, 17?

2. Nach dem am 3. März 1895 erfolgten Tode des Herrn von Krahlmann behalten dessen drei unverehelichte Schwestern, die mit ihrem gleichfalls unverheirateten Bruder gemeinsamen Haushalt geführt hatten, die seitherige Ordnung ihres Lebens zunächst völlig bei. Am 2. April meldet sich ein ihnen unbekannter Darlehnsgläubiger des Verstorbenen; da er einen ordnungsmäßigen Schuldschein präsentiert, versprechen die Schwestern, ihn demnächst zu bezahlen. Am 19. April verkaufen sie die Bibliothek des Verstorbenen an einen Antiquar; und nehmen am 1. Mai Pachtgeld von einem Gute ihres Bruders in Empfang, wobei die eine Schwester eine Quittung ausstellt.

Haben diese Akte — sei es jeder einzelne für sich oder sie alle zusammen — eine weitere rechtliche Bedeutung? Liegt vielleicht eine cretio hereditatis vor?

3. Im Jahre 1884 verstarb in Hamburg ein Kaufmann Jan Hunston, der bei einem seiner Bekannten ein formell ordnungsmäßiges Testament hinterließ. Auf dem Kouvert, in welchem sich das Testament unter Siegel befand, war vom Verstorbenen eigenhändig bemerkt, daß die Öffnung des Kouverts ein Jahr nach seinem Todestage, am 10. März, stattzufinden habe. Als die ungeduldigen Erben des Testators sich am genannten Tage versammelten und in ihrer Gegenwart das Kouvert geöffnet wurde, bot sich ihren Blicken ein zweites Kouvert mit derselben Aufschrift dar. Es blieb nichts übrig, als sich mit Geduld zu wappnen und ein weiteres Jahr zu warten, um dann leider zu erfahren, daß der eigenwillige Testator ihnen auch dieses Mal die Kundgebung seines letzten Willens vorenthielt. Diese Prozedur wiederholte sich im Laufe von sieben Jahren, und erst in diesem Jahre erhielten die durch das lange Harren außer sich geratenen Erben den vierten Teil der Hinterlassenschaft, die im ganzen 164 850 ℳ betrug. Das zweite Viertel war den Kindern der Amme des Testators, seinen Milchgeschwistern, das dritte dem Testamentsvollstrecker, bei dem das Testament aufbewahrt war, vermacht, und das letzte Viertel hatte die Bestimmung, bei der Reichsbank deponiert zu werden und fällt im Jahre 1910 demjenigen Verwandten des Verstorbenen zu, der zu der Zeit mit den meisten Kindern gesegnet ist.

Fragen:

a) Wer war vor der Testamentseröffnung Eigentümer der Erbschaftsobjekte? Und wer ist es nunmehr, wenn alle bis jetzt bestimmten Erben angetreten haben?

b) Wem fallen die Zinsen des Erbschaftsvermögens zu? Wer wird Eigentümer der Früchte von Sachen der Verlassenschaft?

c) Verjährt eine Forderung des Verstorbenen gegen einen Darlehnsschuldners, wenn die Verjährungszeit während der erwähnten sieben Jahre abgelaufen ist?

d) Kann in entsprechender Weise eine vom Erblasser begonnene Ersitzung sich vollenden?

e) Welche Rechtsfolge tritt ein, wenn von dem bei der Bank deponierten Vermögen etwas gestohlen wird? Oder wenn Erbschaftsmobiliar durch einen Dritten schuldhafter Weise beschädigt worden ist?

4. Ein Testamentserbe verklagte die Witwe seines Erblassers auf Herausgabe von dessen Erbschaft. Die Beklagte entgegnete, daß die Sachen a—g dem X. gehörten, der sie ihrem verstorbenen Ehemann nicht zu Eigentum übergeben hätte; vielmehr wäre a von dem Verstorbenen geliehen worden, b zu Nießbrauch empfangen, c ebenso zu Emphyteusis, d vermietet, e als Depositum angenommen, f als Pfand und das Geldpäckchen g als Darlehn erhalten. Der Testamentserbe giebt das zu, glaubt aber, daß die Beklagte trotzdem zur Herausgabe auch dieser Objekte an ihn verpflichtet sei.

Ist dieses — für alle oder für einige jener Sachen — rechtlich begründet?

5. Ein Vater hatte einen ihm gehörigen Wagen seinem älteren Sohne verkauft, nach einiger Zeit aber einen Kaufvertrag gleichen Inhaltes mit seinem zweiten Sohne abgeschlossen und diesem jüngeren Sohne den Wagen übergeben, da der ältere zur Zeit seiner Militärpflicht auf der Marine genügte.

Als der Vater gestorben war, stellte der zurückgekehrte ältere Bruder Klage gegen den jüngeren an, weil ihm der Erblasser des verklagten Bruders den Wagen zuerst verkauft habe. Der Beklagte aber erwiderte, daß der Kläger gleichfalls als Erbe die Handlungen des Verstorbenen vertreten müsse, welcher letztere ihm, dem jetzigen Beklagten, das fragliche Objekt verkauft und übergeben habe.

Welche *actio* steht hier in Frage? Und wie ist der Fall begründetermaßen zu entscheiden?

6. Nach dem Tode des Privatsekretärs Otto Milden tritt sein Bruder Karl die ärmliche Erbschaft unter der Rechtswohlthat des Inventars an. Er verkauft das wertvollste Stück des Nachlasses, einen Schreibtisch, für 65 *M* an den Kommis Hölzner. Dann stellt sich heraus, daß der Tisch dem Händler Brull zu Eigentum gehörte; Hölzner mußte ihn herausgeben und forderte nun von Karl Milden Ersatz von 75 *M* an gezahltem Kaufpreis und entstandenen Unkosten.

Der Angegangene rechnet ihm vor: Die Versilberung des Nachlasses habe 187 *M* 27 *Pf* ergeben; an Schulden seien aber 152 *M* 85 *Pf* zu begleichen gewesen; wonach sich die Forderung des Hölzner auf 34 *M* 42 *Pf* ermäßige.

Hölzner entgegnet, daß der Erbe für das fehlende Eigentum

des Erblassers voll einzustehen habe; er möge den hier nötigen Ersatz den übrigen Gläubigern abziehen.

Was ist des näheren über diese Rechtsfragen zu bemerken und wer von den streitenden Teilen ist hiernach im Rechte?

XL

Bruns, Font. iur. n. 102; — n. 19; n. 52.

1. Welche Rechtsbegriffe haben in folgenden Dispositionen Anwendung gefunden?

a) Dem A. vermache ich mein ganzes Vermögen. Er soll aber die Erbschaft nur lebenslang besitzen und genießen. Nach seinem Absterben soll sie an B. fallen. Dem C. hinterlasse ich mein Haus in der Hochstraße. Er soll es jedoch gleichfalls bloß für sich lebenslänglich haben; und nach seinem Tode soll es an D. fallen.

b) Romulus übergiebt dem Niger vertragsmäßig 1000 aurei zu Eigentum mit der Auflage, nach des Schenkers Romulus Tode dem Servilius 100 aurei auszuzahlen.

c) Zu meinem Universalerben bestimme ich den N.; es soll jedoch mein Bruder O. den dritten Teil meines Nachlasses erhalten.

d) Wenn mein Freund H., der mich allein beerben wird, ohne Kinder sterben sollte, so verordne ich, daß eine Summe von 5000 ℳ an meine Vettern W. und V. zurückfalle.

2. „Gaius Lepidus ac Marcus Polybius heredes mei sunto. Mario Gratidiano Medonem servum Lepidi do lego; et Lepidus triginta praecipua accipito. Sergio Oratae heredes centum danto. Aurelius Clodius Nydiam ancillam meam sumito sibique habeto. Quadrigam meam Cneius Matius capito.“

Unter welche römischrechtlichen *termini technici* sind diese einzelnen Vergabungen zu bringen? Was für Rechtsfolgen sind mit jeder von ihnen verknüpft? Welche *actiones* stehen dabei in Frage?

3. In welcher Art hat man nachstehende Verfügungen juristisch zu behandeln?

a) J. und K. und L. sollen meine Erben sein; es soll aber K. von seinem Teile 2000 ℳ an L. abgeben. Nach dem Tode des K. soll dessen Erbteil an den J. oder dessen gesetzliche Erben fallen.

b) Meinem Vetter Ernst hinterlasse ich mein seither schon von ihm mietweise bewohntes Haus nebst Garten in Salzleben. Er hat dafür an meine Schwester Marie in Halle, der mein übriges Vermögen zufällt, ein für allemal 3000 ℳ zu zahlen.

4. *Privatrechtliches Gesetzbuch für den Kanton Zürich (1856)*:

„§ 2086: Der Erblasser kann im Testamente auch einzelne Vermächtnisse aussetzen. — § 2888: Wenn der Begabte den Tod des Testators überlebt, so fällt ihm das Vermächtnis in der Weise an, daß er gegenüber den Erben desselben eine Forderung auf Entrichtung des Vermächtnisses und Überlassung der vermachten Sache erwirbt. — § 2126: Es kann durch Erbvertrag jemandem auch ein Vermächtnis zugesichert werden, vorausgesetzt, daß der Bedachte in dem Erbvertrag selbständig mitwirke."

Fragen:

a) Sind diese Errichtungsarten eines Vermächtnisses die gleichen, wie im römischen Rechte?

b) Wie verhält es sich im gleichen Betracht mit dem Anfall des Vermächtnisses?

c) Was gilt nach obigem Gesetzbuche über den Eigentumserwerb am vermachten Gegenstand; und wie verhält sich das zu den römischrechtlichen Sätzen?

5. Ein katholischer Geistlicher, der seine fünf Geschwister als seine Erben hinterließ, hatte zu dem einen von ihnen, der allein in den letzten Stunden des Erblassers um ihn war, gesagt: „Volo ut vos post mortem meam Charino Menedemo mille thaleros solvatis."

Ist das nach älterem oder neuerem römischen Rechte eine gültige Disposition? Wie wäre es, wenn der vermachte Gegenstand die Bibliothek des Priesters gewesen wäre?

6. „Sublegat. Derjenige, welcher das Vermächtnis prästiren soll, steht in eben dem Verhältnis mit dem, welcher es erhalten soll, wie der Erbe gegen den Legatarium. Wie aber, wenn nun ein solches Legat nicht angenommen wird: verliert der zweite Legatar das Seinige? Z. E. Ich vermache *Cajo* ein Haus, er soll aber *Titio* ein Legat von 10 000 Thlrn. entrichten. *Cajus* repudirt das Legat, weil vielleicht das Haus nicht 10 000 Thlr. wert ist.

Quaero: muß dann der Erbe die 10 000 Thlr. prästiren? Ich glaube . . ."

(Suarez, Gesetz-Revision, Pensum XVI.)

7. Sind die kommenden Vermächtnisse nach römischem Rechte gültig und voll zu bezahlen — und zwar jeweilig nach den verschiedenen jene beschränkenden leges? Welche rechtlichen Folgen sind in den einzelnen Fällen durchzuführen?

a) Die Erbschaft beträgt 20 000 *M*; es sind dem A. 10 000 *M*, dem B. 6000 *M*, dem C. 1000 *M* vermacht.

b) Als Erben einer Hinterlassenschaft von 12 000 *M* sind X., Y., Z. eingesetzt. Es soll X. an Vermächtnissen 3500 *M* zahlen, Y. 2000 *M* und Z. 1500 *M*.

c) Die Aktiven eines Nachlasses sind 20 200 *M*. Der Verstorbene hinterläßt Schulden im Betrage von 7500 *M*. Begräbniskosten betragen 300 *M*. An Aufwendungen für Gerichtsgebühren und Inventarisationskosten werden 400 *M* in Anspruch genommen. Der Universalerbe H. soll dem Legatar J. ein Grundstück im Werte von 8000 *M* geben, dafür dieser aber 7500 *M* an K. bezahlen.

8. Wie sind nachstehende letztwillige Dispositionen rechtlich aufzufassen und durchzuführen? Im besonderen: Konnte der Eingesetzte zur Antretung der Erbschaft gezwungen werden; — wer haftete für die vom Erblasser hinterlassenen Schulden; — blieb etwas von der Erbschaft bei dem Erben zurück? Hatte das römische Recht in seiner geschichtlichen Entwickelung hierüber verschiedenartige Grundsätze?

a) Ich setze den M. zu meinem Erben ein; wenn er aber ohne Kinder sterben wird, so soll die Erbschaft auf den N. zurückfallen.

b) A. soll mein Erbe sein und die Erbschaft lebenslänglich

genießen. Nach dessen Tod soll sie an B. fallen, der sie gleichfalls bis zu seinem Tode haben und behalten wird. Nach seinem Tode aber hat sie an den C. zu kommen.

c) Ein Erblasser hatte in seinem Testamente seine beiden Söhne zu Universalerben eingesetzt; und jedem derselben zunächst die eigene Descendenz, in deren Ermangelung aber den Bruder oder dessen Nachkommenschaft fideikommissarisch substituiert.

9. Am 15. März 1887 starb hochbetagt Freiherr Goswin von Hausfeld-Garnrode; mit ihm erlosch sein Geschlecht. Aus den zahlreichen Mitgliedern der seinem Hause blutsverwandten Familien hatte er drei ausgewählt und testamentarisch zu seinen Universalerben eingesetzt: Georg von Waldheim, Heinz und Reinhard von Hornbach — mit der Klausel, daß „sobald einer von ihnen eine Person aus dem Bürgerstande heiratet, derselbe seines Erbteils verlustig sein und diesen an seine Miterben herausgeben solle."

Alle drei traten die Erbschaft an. Im Jahre 1893 heiratete der erstgenannte jener drei Erben ein Mädchen aus bürgerlicher Familie.

Fragen:

a) Wer ist nun in Ansehung des Erbteiles des Georg von Waldheim berechtigt? Wem kommt insbesondere das Eigentumsrecht an den hierzu gehörigen Gegenständen zu?

b) Welche Folge tritt ein, wenn Georg von Waldheim inzwischen mit seinem Erbe schlecht gewirtschaftet oder es vollständig verpraßt hätte? Oder wenn er die Grundstücke und Mobilien an den X., die davon gezogenen Früchte an den Y. und die zu seinem Erbteile gehörigen Forderungen cessionsweise an den Z. veräußert hätte?

c) Was wäre die Rechtsfolge, falls jetzt auch Heinz von Hornbach die Ehe mit einer Bürgerlichen eingeht? Und was nun gar, wenn nach einiger Zeit sein Bruder Reinhard dem Beispiele der beiden andern gleichfalls folgte?

Anhang.

(Vgl. auch S. 1.)

Erläuterungen zu den Karten I und II.

I

Erläuterungen zu der Karte des im Deutschen Reiche geltenden Privatrechts.

(Die von den Bundesstaaten seit 1806 erlassenen Einzelgesetze sind auf der Karte und im folgenden nicht berücksichtigt.)

I.

Gemeines Recht.

A. Ausschließlich gemeinrechtliche Quellen.

1. Reichsritterschaftliche Gebiete in Schwaben und Franken; Fugger'sche Besitzungen; reichsunmittelbare Klöster und Stifter.
2. Abtei Irrsee.
3. Riedesel'sche Besitzungen.
4. Reichsritterschaftliche Gebiete des Kantons Rhön-Werra.

B. Einzelne Partikulargesetze und Gewohnheitsrechte.

5. Unbedeutende Lokalstatuten und Observanzen.
6. Hohenzollern-Sigmaringen.
7. Lindau.
8. Rothenfels.
9. Bistum Augsburg.
10. Stadt Augsburg.
11. Fürstentum Kempten.
12. Stadt Kempten.
13. Kaufbeuren.
14. Memmingen.
15. Nördlingen.
16. Öttingen.
17. Pappenheim.
18. Eichstädt.
19. Regensburg.
20. Rothenburg.
21. Schwarzenberg.
22. Castell.
23. Löwenstein-Wertheim.
24. Erbach.
25. Hessen-Darmstadt.
26. Schlitz.
27. Fulda.
28. Kurhessen.
29. Waldeck.
30. Nassau.
31. Hessen-Homburg.
32. Lippe-Detmold.
33. Braunschweig.
34. Calenberg-Göttingen-Grubenhagen.
35. Lüneburg-Celle-Hoya.

36. Grafschaft Diepholz.
37. Herzogtum Bremen-Verden.
38. Bistum Osnabrück.
39. Bistum Hildesheim.
40. Goslar.
41. Herzogtum Oldenburg.
42. Erbherrschaft Jever.
43. Lauenburg.
44. Schauenburgische Anteile von Holstein.
45. Mecklenburg-Schwerin.
46. Mecklenburg-Strelitz.
47. Ratzeburg.
48. Neuvorpommern und Rügen.

C. Land- und Stadtrechte (Reformationen).

49. Hohenzollerische Landesordnung 1698.
50. Württembergisches Landrecht 1610.
51. Gesetzbuch Joseph's II. 1787. (Vorderösterreichisches Recht.)
52. Hohenloher Landrecht 1737.
53. Wimpfener Stadtrecht 1755.
54. Würzburger Landgerichtsordnung 1619.
55. Schweinfurter Stadtrecht 1724.
56. Bamberger Landrecht 1769.
57. Nürnberger Reformation 1564.
58. Kurpfälzisches Landrecht 1610.
59. Mainzer Landrecht 1755.
60. Katzenelnbogner Landrecht 1591.
61. Solmser Landrecht 1571.
62. Frankfurter Reformation 1578.
63. Nassau-Katzenelnbogensche Landesordnung 1616.
64. Kurtrierer Landrecht 1713.
65. Kurkölnische Rechtsordnung 1663.
66. Schaumburger Polizeiordnung 1615.
67. Bentheimische Hof- und Landgerichtsordnung 1690.
68. Münsterische Polizeiordnung 1740.
69. Celler Stadtrecht 1537.
70. Lüneburger Stadtrecht 1577 (1778).
71. Hamburgisches Stadtrecht 1603.
72. Bremer Stadtrecht 1433, 1489, 1534.
73. Hadeler Landrecht 1583.
74. Butjadinger Landrecht 1664. Würder Landrecht 1574.
75. Eiderstedter Landrecht 1591.
76. Lübecker Stadtrecht 1586.
77. Rostocker Stadtrecht 1757.
78. Wismarer Stadtrecht 1875.

D. Der Sachsenspiegel.

Subsidiär hinter lübischem Recht in den holsteinischen Städten und der Haubenbandsgerechtigkeit für den angesessenen Adel.

Sowie hinter

79. Ditmarscher Landrecht 1567.
80. Land- und Marschrecht (Gewohnheitsrecht).
81. Neumünsterische Kirchspielsgebräuche.

E. Gemeines Sachsenrecht.

Subsidiär hinter Partikularrecht von

82. Sachsen-Weimar-Eisenach.
83. Sachsen-Koburg-Gotha.
84. Sachsen-Altenburg.
85. Sachsen-Meiningen.
86. Fürstentümer Schwarzburg.

87. Fürstentümer Reuß.
88. Anhalt.
89. Amt Bergedorf (Hamburg).
90. Fürstentum Lübeck (Oldenburg).

F. Codex Maximilianeus Bavaricus Civilis 1756.

Teilweise subsidiär hinter lokalem Recht.

G. Jütisch Low (1240) 1590.

91. Schleswig (außer 75; — V; VI). Subsidiär hinter einzelnen Stadtrechten.
92. Recht der Insel Fehmarn (1326) 1558.
93. Helgoland.
    Das gemeine Recht gilt hinter J.L. nur, soweit es im einzelnen besonders rezipiert ist.

II.

Allgemeines Landrecht für die preußischen Staaten.

A. Prinzipale Geltung.

94. Provinz Sachsen, soweit sie zum Königreich Westfalen gehörte.
95. Hannöversches Eichsfeld.
96. Ostfriesland.
97. Jahdegebiet.
98. Provinz Westfalen (außer 110).
99. Rheinprovinz: Kreise Duisburg, Essen, Rees.
100. Provinz Posen.
101. Kulm- und Michelauer Land.

B. Subsidiär hinter alten Lokalrechten.

102. Märkisches Provinzialrecht.
103. Magdeburgisches Recht.
104. Erfurter Recht.
105. Altsächsisches Lokalrecht (ganz unbedeutend).
106. Pommersche Partikularrechte.
107. Oberlausitzer Provinzialrecht.
108. Niederlausitz. Provinzialrecht.
109. Schlesische partikulare Rechte (von verschwindender Bedeutung).
110. Herzogtum Westfalen; Siegen; Wittgenstein.
111. Lingen'sches Landrecht 1639; — Münster'sche Absplisse.
112. Bayreuther Provinzialrecht.
113. Ansbacher Provinzialrecht.

C. Suspension von A.L.R. II, 1—3.

In 102 und 110. (In 110 auch von einigen anderen Abschnitten.)

D. Vorgehende Provinzialgesetzbücher.

114. Ostpreußisches Provinzialgesetzbuch 1801.
115. Westpreußisches Provinzialgesetzbuch 1844.

III.

Rheinisches Recht.

A. Code civil 1804.

116. Elsaß-Lothringen.
117. Bayrische Rheinpfalz.
118. Rheinhessen.
119. Oldenburg-Birkenfeld.
120. Preußische Rheinprovinz links des Rheins.
121. Altes Herzogtum Berg.

B. Badisches Landrecht 1809.

IV.

Bürgerliches Gesetzbuch für das Königreich Sachsen 1865.

V.

Nordstrander Landrecht 1572.

(Friesisches Recht.)

VI.

Gesetzbuch Christian's V. von Dänemark 1683.

VII.

Bürgerliches Gesetzbuch für das Kaisertum Österreich 1811.

(Am Fichtelgebirge im Amte Redwitz und im Fraischbezirke.)

II

Erläuterungen zu der Karte der Gerichtsorganisation des Deutschen Reiches.

Das Reichsgericht in Leipzig.
Oberstes Landesgericht für Bayern in München.
XXVIII Oberlandesgerichte.
172 Landgerichte.

(Die eingeklammerten Zahlen bedeuten die Amtsgerichte.)

I. Berlin.

(Das Oberlandesgericht führt die Bezeichnung „Kammergericht".)

1. Berlin I (1).
2. Berlin II (14).
3. Kottbus (12).
4. Frankfurt a. O. (11).
5. Guben (10).
6. Landsberg a. W. (15).
7. Neu-Ruppin (15).
8. Potsdam (11)
9. Prenzlau (12).

II. Breslau.

10. Beuthen i. O. Schl. (5).
11. Breslau (5).
12. Brieg (6).
13. Glatz (11).
14. Gleiwitz (6).
15. Glogau (14).
16. Görlitz (10).
17. Hirschberg i. Schl. (12).
18. Liegnitz (8).
19. Neisse (8).
20. Oels (10).
21. Oppeln (14).
22. Ratibor (9).
23. Schweidnitz (10).

III. Posen.

24. Bromberg (7).
25. Gnesen (5).
26. Lissa (8).
27. Meseritz (8).
28. Ostrowo (8).
29. Posen (9).
30. Schneidemühl (13).

IV. Marienwerder.

31. Danzig (9).
32. Elbing (8).
33. Graudenz (5).
34. Konitz (9).
35. Thorn (9).

V. Königsberg.

36. Allenstein (10).
37. Bartenstein (17).
38. Braunsberg (10).
39. Insterburg (6).
40. Königsberg i. Pr. (8).
41. Lyck (10).
42. Memel (4).
43. Tilsit (6).

VI. Stettin.

44. Cöslin (12).
45. Greifswald (11).
46. Stargard (14).
47. Stettin (15).
48. Stolp (7).

VII. Naumburg.

49. Dessau (11).
50. Erfurt (12).
51. Halberstadt (8).
52. Halle a. S. (18).
53. Magdeburg (20).
54. Naumburg (15).
55. Nordhausen (14).
56. Stendal (15).
57. Torgau (16).

VIII. Celle.

58. Aurich (9).
59. Detmold (9).
60. Göttingen (12).
61. Hannover (16).
62. Hildesheim (11).
63. Lüneburg (12).
64. Osnabrück (16).
65. Stade (11).
66. Verden (21).

IX. Kiel.

67. Altona (26).
68. Flensburg (22).
69. Kiel (22).

X. Cassel.

70. Cassel (34).
71. Hanau (22).
72. Marburg (20).

XI. Frankfurt a. M.

73. Frankfurt a. M. (3).
74. Hechingen (5).
75. Limburg a. L. (14).
76. Neuwied (14).
77. Wiesbaden (16).

XII. Hamm.

78. Arnsberg (19).
79. Bielefeld (14).
80. Dortmund (8).
81. Duisburg (8).
82. Essen (8).
83. Hagen (12).
84. Münster (22).
85. Paderborn (17).

XIII. Köln.

86. Aachen (16).
87. Bonn (8).
88. Cleve (9).
89. Düsseldorf (12).
90. Elberfeld (8).
91. Koblenz (19).
92. Köln (9).
93. Saarbrücken (13).
94. Trier (16).

XIV. München.

95. Deggendorf (7).
96. Landshut (8).
97. München I (2).
98. München II (14).
99. Passau (9).

100. Straubing (7).
101. Traunstein (13).

XV. Augsburg.

102. Augsburg (8).
103. Eichstätt (9).
104. Kempten (10).
105. Memmingen (11).
106. Neuburg a. D. (11).

XVI. Nürnberg.

107. Amberg (11).
108. Ansbach (11).
109. Fürth (8).
110. Nürnberg (8).
111. Regensburg (12).
112. Weiden (11).

XVII. Bamberg.

113. Aschaffenburg (10).
114. Bamberg (15).
115. Bayreuth (10).
116. Hof (8).
117. Schweinfurt (15).
118. Würzburg (12).

XVIII. Zweibrücken.

119. Frankenthal (6).
120. Kaiserslautern (9).
121. Landau (6).
122. Zweibrücken (9).

XIX. Stuttgart.

123. Ellwangen (7).
124. Hall (7).
125. Heilbronn (9).
126. Ravensburg (8).
127. Rottweil (8).
128. Stuttgart (8).
129. Tübingen (9).
130. Ulm (8).

XX. Karlsruhe.

131. Freiburg i. B. (12).
132. Karlsruhe (11).
133. Konstanz (9).
134. Mannheim (6).
135. Mosbach (9).
136. Offenburg (8).
137. Waldshut (4).

XXI. Colmar.

138. Colmar (15).
139. Metz (10).
140. Mülhausen (11).
141. Saargemünd (11).
142. Straßburg (14).
143. Zabern (12).

XXII. Darmstadt.

144. Darmstadt (18).
145. Gießen (20).
146. Mainz (11).

XXIII. Dresden.

147. Bautzen (17).
148. Chemnitz (16).
149. Dresden (14).
150. Freiberg (14).
151. Leipzig (14).
152. Plauen (12).
153. Zwickau (16).

XXIV. Jena.

154. Altenburg (6).
155. Eisenach (8).
156. Gera (8).
157. Gotha (8).
158. Greiz (3).
159. Meiningen (21).
160. Rudolstadt (14).
161. Weimar (8).

XXV. Braunschweig.

162. Braunschweig (16).
163. Holzminden (8).

XXVI. Oldenburg.

164. Bückeburg.
165. Oldenburg.

XXVII. Rostock.

166. Güstrow (19).
167. Neustrelitz (10).
168. Rostock (9).
169. Schwerin (15).

XXVIII. Hamburg.

170. Bremen (2).
171. Hamburg (3)
172. Lübeck (4).

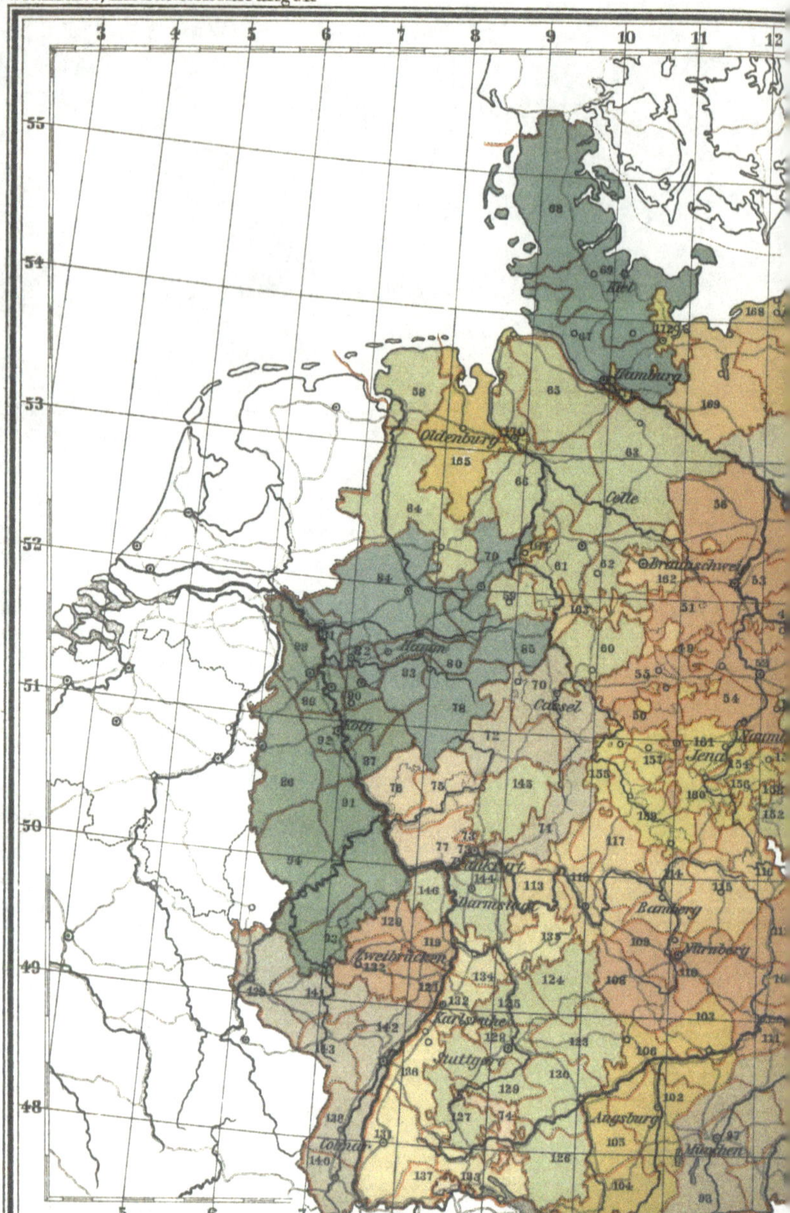

Geograph. Anst. v. Wagner & Debes, Leipzig.

Verla

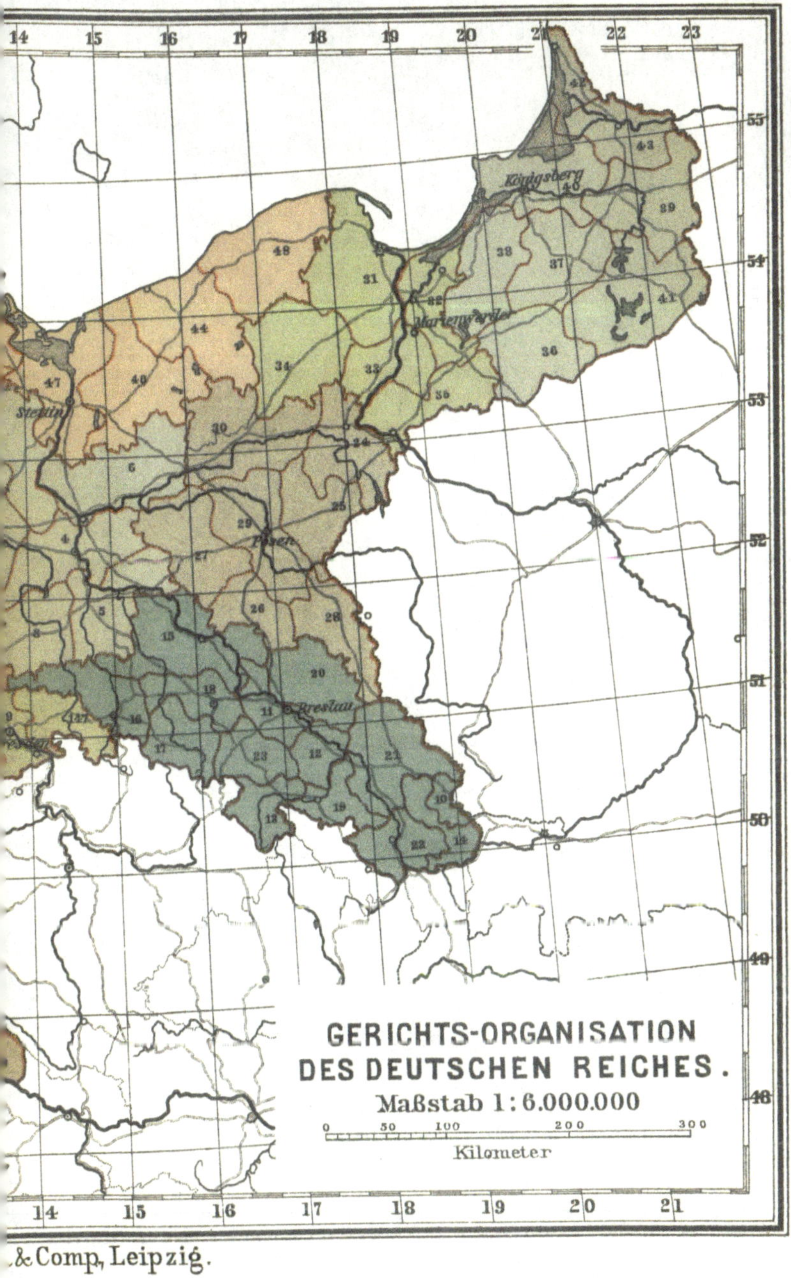

.& Comp, Leipzig.

FSC
www.fsc.org
MIX
Papier | Fördert gute Waldnutzung
FSC® C083411

Kolibri 360 GmbH
Ferdinand-Jühlke-Straße 7
99095 Erfurt, Deutschland
produktsicherheit@kolibri360.de